复旦卓越·21世纪酒店管理系列

厦门建发旅游集团
武夷学院产教融合教材

TWENTY-FIRST CENTURY HOSPITALITY MANAGEMENT SERIES

酒店会议服务与管理

主　编　马小玲　林育彬　郭伟锋

副主编　吴　非

参　编　吴小霞　孙华贞　苏娟娟　黄进兴

复旦大学出版社

马小玲

女，1980 年 2 月生，硕士，武夷学院副教授。从教二十余年来主要从事酒店管理专业教学与科研工作，酒店宴会与会议管理教学经验丰富。2023 年"会展管理"课程荣获福建省线上线下混合式一流课程立项。主要研究领域为酒店餐饮管理、酒店会议服务与管理、会展旅游等。

林育彬

男，1983 年 3 月生，硕士，武夷学院讲师。担任酒店管理本科专业"酒店品牌战略管理""酒店服务质量管理"等课程主讲教师多年。主要研究领域为酒店运营管理、民宿经营管理、旅游新业态。

郭伟锋

男，1975 年 3 月生，博士，武夷学院教授，酒店管理专业学科带头人。主要研究方向集中在旅游大数据、文旅融合、区域旅游发展战略等。

序言

20世纪90年代以来,会展业发展迅速,会展数量年增幅超过20%。随着中国经济的快速发展和改革开放进程的不断加速,国际地位不断提高,在国内会展经济的全面快速发展和产业融合发展的背景下,中国酒店业与会展业开启了进一步融合发展的新篇章。越来越多的高星级品牌酒店在国际会议及大型国内外会议的接待中扮演重要角色。传统会议形式已经不能更充分地满足社会各层次对高端会议专业化服务的需要,再加上数字会议日趋成熟,会议型酒店及高星级酒店会议旅游市场迎来新的发展机遇。在会展业和酒店业融合发展的新业态新市场拓展趋势下,我国酒店业应在战略发展和会议市场上主动迎接机遇与挑战。

本书以文旅融合、产业融合及酒店会议服务数字化发展为契机,结合新文科建设背景,立足校企合作产教融合教学理念,汇集世界自然与文化双遗产地办学的武夷学院酒店管理本科专业及文化产业管理专业优质师资团队,在产教融合发展及产业学院建设框架下,联合福建厦门建发旅游集团旗下五星级高端会议品牌酒店——厦门国际会议中心酒店、厦门悦华酒店、福州悦华酒店、武夷山悦华酒店等业界精英团队,广泛收集行业数据和高端会议服务与管理接待案例及高端政务接待、商务会议服务规范,从会展业与酒店业的融合视角出发,以高星级酒店会议服务管理理论为基础,依据行业规范与标准展开项目式任务式的大纲设计。本书内容以酒店会议服务与管理核心业务为重点,涵盖认识会议产业、酒店会议管理理论、会议品牌策划、会议服务礼仪、会前服务与管理、会中服务与管理、会后服务与管理、酒店会议营销管理、酒店会议危机管理、会议服务创新十个项目。本书分解了28个项目的具体工作任务流程并辅以案例与资料,可作为应用型本科、高职院校旅游管理、酒店管理、文化产业管理、会展经济与管理等专业酒店会议服务与管理课程的教材;同时可为相关专业的学生从事会议产业策划与管理、酒店会议市场营销、酒店会议服务与管理等专业领域岗位工作提供指导与参考;还可为酒店从业者培训高端政务、商务会议接待提供理论依据和服务标准参考。

本书以结果导向(OBE)教学理念为指引,设置了酒店业和会展业发展典型案例设计教学知识目标、能力目标、思政目标模块,在编写体例上更加符合酒店业、会展业、旅游业业务操作的流程和规范。本书还融入大量的酒店高端会议及宴会接待的典型案例，希望给师生教学过程中讨论与案例分析提供参考。课后拓展部分链接国内外最新案例和行业相关数据，启发学生课后阅读和思考。本书可让学生对会议、节事活动等的内涵和特点有较好的理解的同时，对旅游和会展的交叉学科知识体系、会议研究基本理论框架具有较为清晰与完整的认识，并能充分了解国内外酒店会议服务管理发展的概况和趋势。

  本书具有较强的科学性、先进性和适用性。产教融合对于酒店管理、旅游管理专业本专科学科建设而言，有利于推动高水平应用型人才培养。企业方在产教融合方面为培养酒店管理、旅游管理专业人才的职业能力、职业素质方面提供了实践实习岗位和环境，并给予学生职业技能与规范、职业素质方面的指导，使人才培养更加符合行业需求，也为教师团队展开科研调查与案例收集、提高教学质量奠定了基础。

  本书编写团队在编写过程中与产业学院厦门国际会议中心酒店高层管理者多次交流、探讨教材的大纲结构、行业的规范与新的标准、案例的细节，酒店方积极参与教材案例的收集与教材内容的编写。本书在编写过程中学习参考了诸多国内外相关专家学者的研究成果，在此一并表示诚挚的感谢，由于作者知识水平有限，本书的谬误在所难免，恳请同行与学者们多提宝贵意见！

编 者

2023 年 11 月

 目录

项目一 认识会议产业 / 001
    任务一 会展业与会议产业 / 002
    任务二 国内外会展业的发展 / 014
    任务三 会展旅游的发展 / 020

项目二 酒店会议管理理论 / 029
    任务一 酒店会议项目管理 / 030
    任务二 酒店会议全面质量管理 / 033
    任务三 酒店会议服务质量管理 / 041

项目三 会议品牌策划 / 049
    任务一 认识会议品牌 / 050
    任务二 会议品牌定位 / 052
    任务三 会议品牌识别 / 054
    任务四 会议品牌传播 / 059

项目四 会议服务礼仪 / 063
    任务一 会议服务礼仪内涵 / 064
    任务二 会议服务礼仪规范 / 067
    任务三 签字仪式礼仪服务 / 074
    任务四 茶歇礼仪服务 / 078

项目五 会前服务与管理 / 083
    任务一 会议场所的选择 / 084
    任务二 会议设施设备概况 / 090

　　　　任务三　会议场地布置⋯⋯⋯⋯⋯⋯⋯⋯⋯⋯⋯⋯⋯⋯⋯⋯⋯⋯⋯⋯⋯⋯⋯⋯⋯／093

项目六　会中服务与管理⋯⋯⋯⋯⋯⋯⋯⋯⋯⋯⋯⋯⋯⋯⋯⋯⋯⋯⋯⋯⋯⋯⋯⋯⋯／110
　　　　任务一　会议现场服务⋯⋯⋯⋯⋯⋯⋯⋯⋯⋯⋯⋯⋯⋯⋯⋯⋯⋯⋯⋯⋯⋯⋯⋯⋯／111
　　　　任务二　会议期间餐饮服务⋯⋯⋯⋯⋯⋯⋯⋯⋯⋯⋯⋯⋯⋯⋯⋯⋯⋯⋯⋯⋯⋯⋯／116
　　　　任务三　会议期间旅游服务⋯⋯⋯⋯⋯⋯⋯⋯⋯⋯⋯⋯⋯⋯⋯⋯⋯⋯⋯⋯⋯⋯⋯／120

项目七　会后服务与管理⋯⋯⋯⋯⋯⋯⋯⋯⋯⋯⋯⋯⋯⋯⋯⋯⋯⋯⋯⋯⋯⋯⋯⋯⋯／125
　　　　任务一　会议结束后与客户的沟通与调查⋯⋯⋯⋯⋯⋯⋯⋯⋯⋯⋯⋯⋯⋯⋯⋯／126
　　　　任务二　会议结束后财务结算⋯⋯⋯⋯⋯⋯⋯⋯⋯⋯⋯⋯⋯⋯⋯⋯⋯⋯⋯⋯⋯／131
　　　　任务三　会后宣传与致谢⋯⋯⋯⋯⋯⋯⋯⋯⋯⋯⋯⋯⋯⋯⋯⋯⋯⋯⋯⋯⋯⋯⋯／134

项目八　酒店会议的营销管理⋯⋯⋯⋯⋯⋯⋯⋯⋯⋯⋯⋯⋯⋯⋯⋯⋯⋯⋯⋯⋯⋯／138
　　　　任务一　认识酒店会议营销⋯⋯⋯⋯⋯⋯⋯⋯⋯⋯⋯⋯⋯⋯⋯⋯⋯⋯⋯⋯⋯⋯／141
　　　　任务二　酒店会议营销内容⋯⋯⋯⋯⋯⋯⋯⋯⋯⋯⋯⋯⋯⋯⋯⋯⋯⋯⋯⋯⋯⋯／144
　　　　任务三　酒店会议营销策略⋯⋯⋯⋯⋯⋯⋯⋯⋯⋯⋯⋯⋯⋯⋯⋯⋯⋯⋯⋯⋯⋯／150

项目九　酒店会议危机管理⋯⋯⋯⋯⋯⋯⋯⋯⋯⋯⋯⋯⋯⋯⋯⋯⋯⋯⋯⋯⋯⋯⋯／158
　　　　任务一　酒店会议危机认识⋯⋯⋯⋯⋯⋯⋯⋯⋯⋯⋯⋯⋯⋯⋯⋯⋯⋯⋯⋯⋯⋯／159
　　　　任务二　酒店会议危机管理内容⋯⋯⋯⋯⋯⋯⋯⋯⋯⋯⋯⋯⋯⋯⋯⋯⋯⋯⋯⋯／162
　　　　任务三　酒店会议危机管理策略⋯⋯⋯⋯⋯⋯⋯⋯⋯⋯⋯⋯⋯⋯⋯⋯⋯⋯⋯⋯／166

项目十　会议服务创新⋯⋯⋯⋯⋯⋯⋯⋯⋯⋯⋯⋯⋯⋯⋯⋯⋯⋯⋯⋯⋯⋯⋯⋯⋯／171
　　　　任务一　数字化会议服务特点⋯⋯⋯⋯⋯⋯⋯⋯⋯⋯⋯⋯⋯⋯⋯⋯⋯⋯⋯⋯⋯／172
　　　　任务二　数字化会议服务创新⋯⋯⋯⋯⋯⋯⋯⋯⋯⋯⋯⋯⋯⋯⋯⋯⋯⋯⋯⋯⋯／178
　　　　任务三　数字化会议服务趋势⋯⋯⋯⋯⋯⋯⋯⋯⋯⋯⋯⋯⋯⋯⋯⋯⋯⋯⋯⋯⋯／181

参考文献⋯⋯⋯⋯⋯⋯⋯⋯⋯⋯⋯⋯⋯⋯⋯⋯⋯⋯⋯⋯⋯⋯⋯⋯⋯⋯⋯⋯⋯⋯⋯⋯⋯／186

项目一
认识会议产业

学习目标

知识目标：掌握会展业及会展服务的概念、内涵和特点；了解我国会展业发展现状及国际会展业发展概况；熟悉会展旅游的发展现状。

技能目标：掌握会议服务人员应具备的基本素质。

思政目标：通过会议基础概念及相关知识的学习，全面了解我国会议产业及会议旅游发展现状，具备现代酒店会议服务与管理者所需的职业素质。

基本概念

会展业　会议产业　会展服务　会展旅游　奖励旅游　会议旅游

案例导入

"读懂中国"国际会议是由中国著名理论家、战略家郑必坚先生发起创立的中国特色新型智库国家创新与发展战略研究会联合中国人民外交学会、国际著名智库21世纪理事会主办的大型国际性会议，迄今已成功举办四届，成为世界了解中国发展战略最具影响力的平台之一。

2013年、2015年、2018年，三次"读懂中国"国际会议在北京成功举办，先后有来自世界各国近百位政治家、战略家、企业家参会。在第一、二届"读懂中国"国际会议上，中国国家主席习近平均会见与会国际嘉宾并座谈，时任国务院总理李克强出席第一届会议开幕式并演讲，时任中共中央政治局常委、国务院副总理张高丽出席第二届会议并演讲。在第三届"读懂中国"国际会议上，中国国家主席习近平向大会致贺信，时任中共中央政治局委员、中央外事工作委员会办公室主任杨洁篪出席开幕式，宣读习近平主席贺信并致辞,时任国务院总理李克强会见与会嘉宾代表并座谈。2019年,"读懂中国"国际会议首次在广州召开。中国国家主席习近平在北京会见与会嘉宾代表,并向大会致贺信。2020年3月,经中央批准,"读懂中国"国际会议正式机制化。

2021年"读懂中国"国际会议(广州)于12月1—4日在广州举行。这也是该会议第三次在广州举办。

第六届会议以"从哪里来,到哪里去——世界百年变局与中国和中国共产党"为主题,着眼于中国共产党与中国和世界的关系,以中国共产党百年奋斗历史为鉴,深度探讨如何构建人类命运共同体、扩大和深化各国的利益汇合点。会议由中宣部和外交部共同指导,由国家创新与发展战略研究会、中国人民外交学会、广东省人民政府主办,广州市人民政府承办。会议采用线下为主、线下线上结合的方式,在广州设线下主会场,中方发言嘉宾和参会嘉宾在现场参会,境外国际嘉宾均采取视频方式参会。2021年"读懂中国"国际会议从3天增加到4天,内容丰富、议题含金量高,设置了开幕式及主旨演讲、6场专题论坛、12场平行研讨会和多种配套活动,全方位、多维度读懂中国。

大会秘书处办公室下设会务礼宾、酒店服务、商务参访、新闻宣传、网络保障、交通保障、安全保障、环境提升、城市管理、志愿服务、食品与特种设备安全保障、疫情防控与医疗保障12个保障团队,分工负责会议各项筹办工作。设立总协调人,由市有关单位主要负责同志担任,负责整体统筹团队工作。

资料来源:http://ddzg.ciids.cn/gb/channels/jk3O4gkq/index.html。

思考:
1."读懂中国"国际会议为何三次在广州举办?会议选址需要考虑哪些因素?
2.第六届"读懂中国"国际会议与往届会议比有哪些亮点和不同?

任务一　会展业与会议产业

一、会展业的概念与内涵

会展业是新兴的现代服务业。举办会议和展览等商务活动,可以促进产品和市场开拓、技术和信息交流,发展对外贸易和旅游观光。因此,会展业被称为"国民经济晴雨表和市场的风向标"。在我国,会展业与旅游业、房地产一起,被并称为三大新经济产业。我国正式将会展业视为一个独立的行业,始于2002年公布的《国民经济行业分类》标准(GB-T4754-2002)。该标准指出:会展业是会议业与展览业的合称,是指围绕会展业所产生的社会经济活动而形成的产业链条。其由会议或展览主办机构与服务机构组成。一般来说,会展是指在一定的区域空间内,有许多人聚集在一起形成的定期或者不定期、制度或者非制度,传递和交流信息的群众性的社会活动。

会展有狭义和广义之分。

狭义的会展指会议和展览。会议和展览作为会展业最主要的两大业务,《国民经济行业分类》中的界定是:"为商品流通、促销、展示、经贸洽谈、民间交流、企业沟通、国际往来而举办的展览和会议等活动。"

广义的会展包括会议、展览、奖励旅游、节事活动等,国际上通常表述为MICEE。M(meeting)会议,主要指公司会议;I(incentive tour)奖励旅游,专指以激励、奖励特定对象为目的而进行的旅游活动;C(convention)大型会议,主要指协会、社团组织的会议;E(exhibition/exposition)展览会;E(events)大型节事活动(图1-1)。

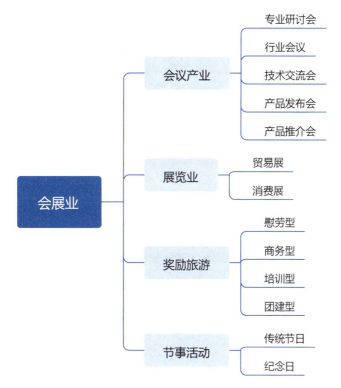

图1-1 会展业基本概念分支图

会议泛指在一定的时间和空间内,为了达到一定的目的所进行的有组织、有主题的议事活动。联合国世界旅游组织（UNWTO）发布的《会议产业经济重要性评价报告》(Measuring the Economic Importance of the Meetings Industry)中指出，会议产业主要包括会议、展览及奖励旅游三个方面。会议产业是指围绕着会议策划、会议组织、会议管理、会议接待、会议服务、会议教育与研究、会议技术与设备、会议附加活动等活动而展开的一系列市场行为的总和。在国际经济迅猛发展的年代，每天都在举行内容迥异的各种会议，全世界每年召开的有一定规模和影响力的会议就达数十万个。

展览是指参展商通过物品或图片的展示，集中向观众传达各种信息，实现双向交流，扩大影响，树立形象，达成交易、投资或传授知识，教育观众目的的一种活动。国外著名展会有意大利米兰国际家具展、德国法兰克福国际汽车博览会、德国汉诺威工业博览会等；国内著名展会有广交会、进博会、高交会、服贸会等。

奖励旅游管理协会（SITE）对奖励旅游的定义是："奖励旅游是一种向完成了显著目标的参与者提供旅游作为奖励，从而达到激励目的的一种现代管理工具。"

从奖励旅游的定义可知，奖励旅游的对象（如员工、经销商、代理商）必须能够达成甚至超越企业个别或者总体业绩；奖励旅游的形式通常是由企业提供一定的经费规划假期，委托专业旅游公司精心设计的非比寻常的旅游活动；而奖励旅游的目的是犒劳创造运营佳绩的有功人员，并借此增加参与者对企业的向心力。

节事活动是指特定时间和地点举办的重要活动。举办节事活动的目的大多是为了达到节日庆祝、文化娱乐和市场营销的目的，提高举办地的知名度和美誉度，树立举办地的良好形象，促进当地旅游业的发展，并以此带动区域或经济的发展。节事活动包括两大部分，节日庆典（festival）和大型事件（mega-event）。节事一般都有特定的主题，譬如风情特产、文化、宗教、民俗、体育、政治以及自然景观等。节事是群众性的休闲娱乐活动，大众的参与性很强，影响力较大和覆盖面较广，如慕尼黑啤酒节、山东潍坊国际风筝节、巴西狂欢节、泰国泼水节著名节事活动等。

综上，会展是指以城市会展企业和会展场馆为核心，以完善的基础设施和配套服务为支撑，举办的各种形式的会议和展览活动，包括各种大型的国际博览会、展览会、交易会、运动会、招商会、研讨会、节事活动等，它能够吸引大批与会人员、参展商、贸易商及一般观众前来进行洽谈、交流或旅游观光，以此带动交通、住宿、商业、餐饮、购物等相关产业发展。

总之，会展业是以会展公司和会展场馆为核心，以会议和展览为主要形式，为其他经济和社会活动提供服务，能够带来直接和间接的经济效益和社会效益，能够起到龙头作用的综合性服务产业。

二、会展服务的概念与内涵

随着我国市场经济体制的不断发展以及科学技术的快速进步,我国的会展数量近年来以 10%~20% 的速度增长。会展业对相关产业具有较强的带动作用,对地方经济的发展以及在城市或地区的经营和品牌建设过程中起着不可替代的作用。因此,会展业越来越受到各国政府和工商界的重视。

在我国,会展业归属于商务服务业。会展业作为服务业的一个分支,对城市经济发展、基础设施建设及旅游服务产生重要的拉动作用,受到各地政府的高度重视。从会展和会展业的概念总体来看,各类会议、展览会和节事活动这三大类活动构成了会展活动的主体。

(一) 会展服务的范围

会展服务的范围包括会展市场的管理与调控、会展活动的组织与实施、活动策划、场地租赁、广告宣传、保安与清洁、产品运输与仓储、展位设计与搭建等专业性服务,也包括餐饮、旅游、住宿、交通、通讯、银行、娱乐等相关行业的配套服务。

(二) 会展服务的概念

会展服务的概念在业界目前还没有一个定论。其实,会展服务渗透于会展行业和会展市场发展与管理,以及会展活动的组织实施过程之中。从各类会议、展览会、节事活动三大会展活动的内容和形式来看,会展服务主要是指会展活动相关利益者为了各自的利益和目标,在规定的时间内,按一定行业规范而完成的服务工作的集合。

(三) 会展服务的构成要素

会展活动的主要参与者包括组展者、参展者、观众、展览服务商。组展者又称主办方,参展者又称参展商。参展商和观众是展览活动的主体,他们之间可能存在潜在的买卖关系,参展商也可以通过展览活动进行招商引资、寻求合作伙伴等。

1. 会展活动的管理者

会展活动的管理机构主要是指政府部门、贸易促进机构、行业协会、工商行政管理机构等。这些部门和机构主要负责会展产业的政策、法律法规,负责会展市场的宏观调控;负责会展活动的审批与监督,负责违法事件的查处,维护会展市场的公平竞争和秩序。

2. 会展活动的组织者

会展活动的组织者负责会展活动的策划、招展招商和组织实施的有关单位。这些单位可以是政府部门、专业性展览公司,也可以是行业协会、学会、商会、大型企业等。通常组织者分为主办单位、承办单位、协办单位和支持单位。

(1) 主办单位

主办单位是指经过国家主管部门批准,具有独立办展会的资质,具有招商招展独立承担民事责任能力,设有专门从事会展活动的部门和专业人员及完善的规章制度的机构或企业。主办单位在法律上拥有会展活动所有权,对会展活动承担主要法律责任。主办单位通常是政府机构、行业协会或商会、贸易促进机构、社会团体或大型企业。

(2) 承办单位

承办单位是指经主办单位委托,具体负责会展活动策划、组织、招展、招商和宣传推广及现场服务与管理等工作单位或企业。承办单位可以是一个也可以是多个,根据会展活动的性质和规模而定。

(3) 协办单位

协办单位是指那些利用自身优势资源,协助会展活动主办方或承办方完成一项或几项工作的企业或机构。通常协办单位主要协助主办方或承办方完成会展活动的策划、组织、宣传推广或市场营销等工作,不需要承担财务和法律责任。

(4) 支持单位

支持单位是指与那些与主办方或承办方保持着良好关系,利用自身某种优势资源在某些方面对会展活动提供帮助的机构或企业。主办单位会根据会展活动的实际需要决定是否选用支持单位。

3. 会展活动服务提供者

(1) 场地提供机构

场地提供机构是指以租赁或者合作的形式向会展活动提供场所的单位或企业。通常这些企业包括展览中心、会议中心、旅游景区或景点等。会议中心和会展中心除了提供场地租赁,还会提供设备租赁、展位设计与搭建、场馆清洁、安保及周边广告等业务内容。

(2) 会展工程企业

会展工程企业受会展主办方和承办方的委托,向参展商提供展位设计与搭建、会展活动现场策划、设备租赁等展馆装修、搭建、撤展等工程设计、施工服务。

(3) 媒体广告公司

媒体广告公司通过招商业务与合作合同的约定服务向会展主办方和承办方提供报纸、网络、电视、广播、杂志、户外广告、电子邮件、新闻报道、资料邮寄等宣传推广活动。通过发布新闻和广告推广对会展品牌宣传和建设提供专业服务。

（4）运输代理机构

运输代理机构通常指为展会顺利举办提供货物与展品的运输服务，并委托代办货物报关、交接、调拨、检验、包装、仓储、运输等服务，向货主收取一定的运输服务费及取代理费用。各地的邮政、物流企业按其专长承接大型会议和展览的运输代理业务。

（5）旅游代理机构

旅游代理机构通过合同或者合作、委托等方式与旅游企业、会展主办方、承办方等机构共同制定会展活动期间的相关旅游活动的线路及价格。一般国内小型的会议根据主办方的策划和需求灵活制定旅游活动计划。

（6）接待酒店

接待酒店在会展活动特别是会议举办过程中承担着越来越重要的接待任务。主办方、承办方为了提供更加专业、高质量会议服务，会通过招商或合作的方式与会展举办地的一家或几家酒店签订合作协议以优惠的协议价为与会者、参展商、媒体代表及特邀嘉宾提供会议、展览、旅游、节事活动期间的住宿及用餐服务。有的主办方为了方便与会者参会，把会议地点或论坛地点等也一同放在合作酒店，酒店负责专业会务服务接待，与主办方密切配合，共同提供高效率、高品质的会议服务。

（7）旅游景区或景点

旅游景区或景点是指在会展活动举办期间，根据会议或展览、节事活动、会展旅游等业务的需要，为主办方和承办方提供举办地的各类旅游景区、主题公园、革命纪念地、文博院、自然保护区等旅游景区、景点的接待单位。政府通过组织与会者、嘉宾及观众参观游览景区，既带动当地旅游经济的发展，又进一步推广当地旅游景区的品牌宣传。

4. 会展活动的参与者

会展活动参与者包括参展商、观众、与会人员、赞助商、志愿者（图1-2）。

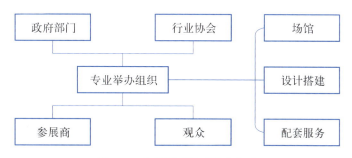

图1-2 会展活动的主要参与者

行业协会和政府部门通常作为展会活动的组织策划方、主办方，属于卖方市场，负责展会的组织和策划工作。参展商和观众是展会的参与者，属于买方市场。办展的专业组织和机构如会展公司、展览馆、会议中心等凭借场地及专业服务优势，作为服务商负责承办展会的现场服务和管理,是展会的中间商和承办方。

(四) 会展服务的主要内容

会展的主办方、承办方通过合作和协议责任向参与会展活动的各方提供一系列的服务:

① 策划和举办各种会议、各种展览、奖励旅游、节事活动;

② 提供上述各项会议、展览、奖励旅游所需的各种场馆和软件硬件设施;

③ 专业提供会展活动策划及展台设计布置与搭建服务;

④ 根据上述各项会议、展览、奖励旅游和节事活动所需要的相关配套服务,如货运、仓储、报关等;

⑤ 安排和提供令各项会议、展览、奖励旅游和节事活动的参与者满意的接待服务。

根据迈克尔·波特提出的"价值链分析法",企业内外价值增加的活动可分为基本活动和支持性活动。基本活动涉及企业生产、销售、进料后勤、发货后勤、售后服务;支持性活动涉及人事、财务、计划、研究与开发、采购等。

基本活动是涉及产品的物质创造及其销售、转移买方和售后服务的各种活动。支持性活动是辅助基本活动,并通过提供采购投入、技术、人力资源以及各种公司范围的职能支持基本活动。会展服务价值体系如图 1-3 所示。

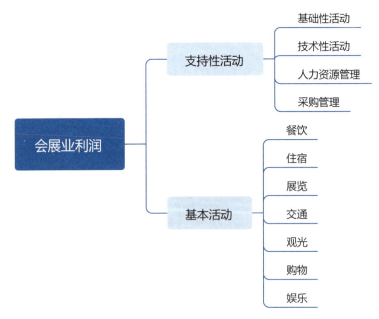

图 1-3　会展服务价值体系图

三、会议产业相关概念

(一) 会议及会议产业的基本概念

会议是一种目的性很强的社交活动,即在特定的时间和地点围绕一定的议题和主题,遵循一定的规则展开讨论,最终与与会者达成共识的活动。会议作为会展业的一部分,带来一定规模的人员流动、信息交流和旅游消费等功能。大型国际会议在提升城市形象、促进基础设施建设、创造经济效益上具有推动性作用,因此国际会议的组织和服务管理受到各国各地政府的高度重视。通常根据国际会议的性质和主办单位,可将会议分为商业性机构主办的会议和非营利机构主办的会议两大类。在实际的产业运作中,由于会议和奖励旅游活动都是以企业或组织作为主要服务对象的高端旅游体验活动,存在较大程度的相关性。因此"会议+奖励旅游"的会奖旅游是当前会议产业的主要形式。

会议产业是指以规模化、集中化、现代化的手段运作会议及相关活动的行业。据国际大会和会议协会(ICCA)统计,2019 年共有 13 254 场国际社团会议,比 2018 年增加了 317 场。全球范围来看,欧洲共计举办 7 033 场国际会议,亚洲共计举办 2 672 场国际会议,北美地区共计举办 1 472 场国际会议,拉美地区共计举办 1 160 场国际会议,非洲、大洋洲以及中东地区(单独计算)分别举办 415、345、157 场国际会议,由此看出,国际协会会议仍以欧洲为主(图 1-4)。从国家角度分析,美国 2019 年举办的国际协会会议数量最多,达到 934 场,第二至第五分别是德国、法国、西班牙和英国,分别举办 714、595、578、567 场,中国以 539 场列第七位,是亚洲举办协会会议最多的国家。

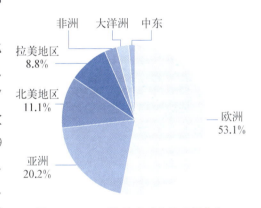

图 1-4　ICCA 统计全球会议市场分布

2020 年全球共统计举办 8 409 场国际会议,其中通过虚拟方式举行的会议总数为 2 505 场,约占 30%;被取消的会议为 1 211 场,约占 14%;而通过线上线下混合方式举办的会议有 143 场,约占 2%。线上线下混合举办国际会议正在成为全新的会议举行方式。

会议与旅游结合形成的"国际会议旅游"发展迅速。由于参会者来自全球各国的大企业,因此,会议旅游具有规模大、档次高、成本低、停留时间长、利润丰厚等特点,对所在城市的经济发展起着巨大的推动作用。

(二) 会议组织机构

会议组织机构通常设为会议组织委员会与会议执行委员会,学术性会议则单独设立学术监督委员会。商业型会议执行委员会通常设置:会议主任、财务经理、人事经理、销售经理、宣传经理、会务经理、会议秘书、会务干事等。以学术会议为例,常见的会议组织机构如图1-5所示,各部门在组委会的统一协调领导下各司其职分工合作,共同努力实现会议目标。

图1-5 学术会议常见组织机构

组织委员会是会议活动中的最高组织形式,是会议最重要的领导机构。

学术委员会又称程序委员会,主要由该领域内专家、学者等知名人士组成,主要负责与会议有关的一切专业活动,具体任务是拟定会议的专业主题、主要专业交流内容和编制会议专业日程等。

大会秘书处是会议筹备的常设机构,它在组织委员会的领导下开展各项工作,秘书长负责管理秘书处的日常工作。

(三) 常见的会议类型

1. 专业研讨会

专业研讨会是研究行业发展动态为主要内容的会议,最主要的目标是为听众拓展思路、启迪思维、开阔视野,加深对行业发展现状、发展特点和发展趋势的了解。专业研讨会的主要演讲人往往是一些科研机构、大专院校和专业期刊的有关专家以及来自企业的管理人员。专业研讨会听众的范围很广,可以是企业管理和技术人员、一般工作人员,也可以是来自各种科研机构、大专院校和专业期刊的有关人员。

2. 技术交流会

技术交流会是以技术的传播和交流为主要内容的会议。主要目标是促进技术的交流和传播。技术交流会的主要演讲人往往来自企业技术部门以及科学研究机构、大专院校的有关技术人员。听众的范围较窄,基本上是一些负责技术方面的人员,也有一小部分的企业管理人员。涉及的议题基本都与技术有关,需要较多的设备以供使用,需要更多的操作示范和技术演示。比如,2009年上海国际汽车展上,东风公司进行了一场名为"未来调温器行业发展趋势"的技术交流会。

3. 行业会议

一般是由行业协会或者政府主管部门组织举办,行业协会会员或者该行业有关企业参加的会议。国际会议协会将行业会议分为三类:科技会议、商贸会议和会员会议。科技会议以技术推广、科技交流与合作为主要目的;商贸会议以传播商业和贸易信息、研讨行业贸易问题为主要目的;会员会议主要由行业协会会员参加,旨在促进会员之间的项目了解与合作。行业会议常由行业协会或政府主管部门策划和主办,其主题具有前瞻性、总结性,有较强的行业号召力,并与展会主题相统一。讨论得出的结论带有政策指导倾向,会被有关部门作为解决某些问题的政策依据。

4. 产品发布会

产品发布会是以发布新产品或者有关新产品信息为主要内容的会议活动(图1-6)。产品发布会可采取新闻发布会、记者招待会、情况通报会、记者通气会、政策说明会、技术推介会以及成果发布会等类型,一般听众是新闻记者、产品设计等技术人员和企业管理人员。产品发布会通常由发布新产品的企业或行业协会来策划和实施,展会主办方起到

图1-6 企业产品发布会现场

穿针引线、提供展示平台和现场管理与服务的作用。

5. 产品推介会

产品推介会的主要目的是向市场推介一种或几种正在市场上出售的、可以大批量生产的产品(图 1-7)。一般采用用户座谈会、经销商会议等形式，并伴以现场演示和示范等手段，听众常是产品的经销商和最终用户。

图 1-7　中国国际消费品博览会上的西藏区域品牌推介会

四、会议服务人员应具备的能力与基本素质

会议的成功举办与主办方、承办方为与会者提供的优质服务密切相关。会议接待人员在会前、会中和会后展现出来的良好的礼仪素质、思想素质和业务能力直接影响与会者感受会议服务的质量。因此，会议服务人员应该做到以下职业能力和基本素质要求。

(一) 职业能力

1. 良好的职业道德素养

遵守职业道德规范，以诚信为本，在维护本企业利益的前提下，处理好与客户的关系，与客户建立和维持相互信任的合作关系。

2. 良好的工作能力素养

具有发现问题、分析问题和解决问题的能力，做好招展工作，及时解决会展中出现的问题，具有一定的应变能力如对安全问题、秩序问题的处理等。

3. 良好的语言表达能力和沟通能力

要用恰当的语言准确表达会展信息，促使会展企业与组展商、客户进行交流沟通，同时能准确、形象地向客户提供公司和会展产品的信息，增强客户对公司的信心。

4. 具有进取精神、团队精神和创造能力

积极开拓创新，勇于承担责任；与团队中每一个人密切合作、齐心合力完成团队目标；能以乐观的心态面对会展市场的变化、锐意创新、迎接挑战。

5. 具有亲和力和处理人际关系的能力

会展从业人员对内要处理好与同事、领导的关系，对外要处理好与客户、社会公众的关系。具有亲和力，在树立良好的个人形象的同时，也要树立和维护会展企业的良好形象。

6. 把握客户心理的能力

优秀的会展人员要能准确把握客户的心理变化，了解境内外客户的文化背景、消费习惯、宗教信仰和爱好，尽量满足客户的需求，使会展顺利进行。

(二) 基本素质

1. 具有热忱的服务态度

酒店会展服务人员要有热忱的服务态度和服务意识，把客户的需求始终放在工作的首位。从项目策划到会议、展览、节事活动现场的服务细节设计中体现对客服务高度的责任心，努力实现对客承诺。

2. 要具备良好的服务意识

会议产业属于第三产业，和所有的服务行业一样，其成功的关键是为客户提供优质的服务，使其获得满意的服务体验。这就要求会议产业从业人员具备较高的服务意识和较强的服务能力，并不断加大服务的深度和广度。随着会展行业和会议产业市场的不断完善发展，企业的需求也呈现多样化和个性化的趋势，只有深耕服务的广度和精细度才能在激烈的市场竞争中立于不败之地。

3. 要有敬业精神

高度的责任心和敬业精神是会展行业，也是会议产业从业人员的基本素质要求。会议活动程序复杂，工作内容和细节程序繁多，需要从业人员爱岗敬业，从会议的筹备到现场服务再到会后的总结每一个环节都能及时跟进和反馈信息，在突发情况和特殊问题面前依然能冷静从容应对，本着对客户和事业的高度责任心、敬业精神认真落实好每一个环节，确保信息准确、服务细致完善。

4. 善于团队沟通和合作

会议产业的工作环节需要团队的配合和合作才能顺利完成。会议、会展从业人员需要培养团队意识并加强沟通和合作。团队沟通和合作是一种主动的工作意识和能力，需要将个体融入整个团队中思考问题，为实现团队的共同目标最大限度地发挥自己的作用。一次会展活动、会议活动从策划到项目筹备、现场服务每一个环节都需要团队各个部门和成员共同努力合作密切配合才能顺利完成。会展管理者要充分认识到团队沟通

和合作的重要性,充分调动团队成员的积极性和创造性,才能整体提升团队的服务能力。

 拓展与思考

> 2020年2—6月,受新冠疫情影响,我国及海外各国会展业面临延期和停办的严峻挑战。2020年"海上丝绸之路"(中国·宁波)文化旅游博览会首批云签约仪式在宁波举行。
>
> 英国中部引擎地区、上海宝库文化、上市公司风语筑、中华设计奖组委会办公室、中国台湾孟小冬京剧文化基金会分别在海内外各地通过与宁波视频连线的方式进行"云签约"。前身为中国(宁波)特色文化产业博览会(简称"宁波文博会"),自2016年创办以来,至今已成功举办4届,共有40余个国家和地区的数千家境外客商参展,现场成交额共计20余亿元,签约项目共计500余个,签约总金额高达250亿元,累计参观人次超百万。历届展会期间还成功举办了系列故宫文创论坛、中华设计奖"旅游文创产品"设计大赛颁奖等配套活动,也让宁波这个文化产业盛会的名气越来越大。
>
> 案例来源:http://www.518fuzhou.com/。
>
> 思考:2020年"海丝之路"宁波文博会有哪些创新服务?服务在展会管理中扮演怎样的角色?

任务二　国内外会展业的发展

一、欧洲会展业发展

欧洲会展业的发展经历了两大阶段。

第一阶段的背景是:世界大战导致各国建立贸易壁垒,各国主要通过国内市场来建立内向型经济以维持国家生存。作为促进经济发展的一个重要手段,综合性贸易展览会和博览会获得了很大发展。会展业起源于19世纪中,以英国伦敦举办的首届世界博览会为标志。最早的现代博览会是由英国于1851年在水晶宫举办的万国工业博览会。1958年在比利时首都布鲁塞尔举行战后第一个世界博览会,主题为"科学、文明和人性"。

为了体现科学的这个主题思想,布鲁塞尔世博会建造了一座原子能结构的球型展馆,代表着人类进入了科技进步的新世纪的象征。1924年,国际商会在巴黎召开了国际展览会议。在此基础上,国际博览会联盟(UFI)于1925年在意大利米兰成立。国际博览会联盟成立后,通过制定一系列展览规章制度和采取一系列措施,维护国际会展业的正常秩序和正常发展道路,从而促进了贸易展览会和博览会完整体系的形成。

第二阶段的背景是:生产力迅速发展,世界经济走向繁荣,专业化的贸易展览会和博览会以其全面深入地反映工业和市场的呼声,便于组织、人性化的特点受到广泛欢迎。第二次世界大战后,专业化贸易展览会和博览会逐渐成为主导形式。专业化的展览会具有汇集信息的功能,能够反映行业的整体发展状况,使参加展览会的行业内人士在最短时间内了解全行业的状况和发展趋势,具有很好的市场价值。

会展业以其强有力的经济拉动性为各国经济发展做出重要贡献,受到世界各国政府的重视。全球每年由会展业带来的直接经济效益超过3 000亿美元,拉动世界经济增长3万亿美元,占全球GDP总量4%。作为世界会展业的发源地,欧洲会展业整体实力强,规模最大。其中,德国是世界第一会展强国,会展业在德国已有100多年历史,拥有世界上最具影响力的会展公司和服务机构。世界顶级专业的会展公司一半以上在德国,据德国展览业协会(AUMA)统计,在世界范围内影响较大的210个专业性国际贸易展览会中,有150多个是在德国举办的,每年吸引约18万参展商和1 000万观展者。世界展览企业营业额前十大公司,有五家在德国。德国展览场馆集中,形成了规模效益,10个展览中心的面积超过10万平方米,11个展览中心的面积超过2万平方米。著名的国际展会有:汉诺威国际工业博览会、法兰克福国际汽车展、科隆国际家具展、慕尼黑国际手工业博览会、柏林国际旅游博览会、柏林国际航空航天展等。

北美地区(主要是美国、加拿大)是世界会展业的后起之秀。大洋洲会展业发展水平仅次于欧美,规模小于亚洲。

拉美地区会展业发展较好的依次是巴西、阿根廷和墨西哥。非洲北部以埃及为代表,南部以南非发展最好。

亚洲会展业规模和水平仅次于欧美,比拉美和非洲强。其中新加坡曾被国际协会联盟(UIA)评为世界第五大会展城市。日本、新加坡、阿联酋和中国的香港地区凭借其经济发展的巨大潜力和其广阔的市场,或凭借其发达的基础设施、较高的服务业水平、较高的国际开放度以及较为有利的地理区位优势分别成为亚洲的会展大国和地区。国际大会和会议协会(ICCA)的统计数据显示,日本是亚太区举办国际会议最多的国家,2018年举办国际会议数量达到492场,比2017年增加18.84%。中国以449场列第2位,但以19.41%的增长率成为国际会议数量增长最快的亚太区国家。随着中国经济的持续稳定增长及中国在亚太地区及国际事务上占有越来越重要的地位,中国的国际会议产业发展潜力和市场机遇巨大。ICCA 统计的 2017—2018 年世界各国举办国际会议前二十和亚太地区城市举办国际会议数量前十如表 1-1、表 1-2 所示。2022 年 ICCA 统计的面对面举办的国际会议数量为 9 042 场,与 2020 年的 8 049 场相比较,增长了 7.3%。数据显示,国际会议产业仍具备强劲的增长力。

表 1-1　2017—2018 年世界国家举办国际会议数量前二十

2017 世界国家国际会议数量 Top 20			2018 世界国家国际会议数量 Top 20		
排名	国家	数量	排名	国家	数量
1	美国	941	1	美国	947
2	德国	682	2	德国	642
3	英国	592	3	西班牙	595
4	西班牙	564	4	法国	579
5	意大利	515	5	英国	574
6	法国	506	6	意大利	522
7	日本	414	7	日本	492
8	中国	376	8	中国	449
9	加拿大	360	9	荷兰	355
10	荷兰	307	10	加拿大	315
11	葡萄牙	298	11	葡萄牙	306
12	奥地利	281	12	韩国	273
13	韩国	279	13	澳大利亚	265
14	澳大利亚	258	14	瑞典	257
15	瑞典	255	15	比利时	252
16	巴西	237	16	奥地利	240
17	瑞士	230	17	巴西	233
18	波兰	216	18	阿根廷	232
19	比利时	208	19	波兰	211
20	丹麦	203	20	瑞士	208
总数		7 722	总数		7 947

表 1-2　2017—1018 年亚太地区城市举办国际会议数量前十

2017 年亚太地区城市国际会议数量 Top 10			2018 年亚太地区城市国际会议数量 Top 10		
排名	城市	数量	排名	城市	数量
1	新加坡	160	1	新加坡	146
2	首尔	142	2	曼谷	135
3	香港	119	3	香港	129
4	曼谷	110	4	东京	123
5	东京	101	5	首尔	122
6	北京	81	6	台北	100
7	悉尼	76	7	北京	93
8	台北	76	8	悉尼	87
9	墨尔本	67	9	上海	82
10	吉隆坡	65	10	吉隆坡	68
总数		997	总数		1 084

二、我国会展业发展现状

会展经济研究会相关行业统计显示，中国会展业产值从 2006 年约 600 亿元到 2010 年 1 453 亿元，年均增长率达 26%。2011 年我国会展业直接产值约 3 016 亿元，较 2010 年增长 21.5%。2012 年我国会展业直接产值约 3 500 亿元人民币，较 2011 年增长 16.1%，占全国国内生产总值的 0.68%。2013 年我国会展业经济直接产值达到 3 870 亿元人民币，较 2012 年增长 10.6%，约占全国国内生产总值的 0.68%，与 2012 年基本持平。2014 年，我国会展业直接产值约 4 200 亿人民币，较 2013 年增长 8.5%。《中国展览行业发展报告》显示，利润率超过 25%，2019 年全国举办经贸展览 11 033 场，展览总面积 14 877.38 万平方米，展览数量增长 18.85%，展览面积增长 28.57%。2011—2019 年中国展览数量和面积年均增长率分别为 5.61% 和 9.11%，展览直接收入占国民经济比重保持在 0.7% 左右。近年来，随着我国持续对外开放，支持全球经济一体化战略和"一带一路"倡议会展经济保持稳定增长态势。目前已经形成以北京、上海、广州、大连、成都等城市为中心的五大会展经济带的发展格局。

环渤海会展经济带以北京为中心，包括北京、天津、烟台、廊坊等地。北京的会展以大型国际会议、论坛和高技术含量、高附加价值的展览会为主，如中国国际服务贸易博览会、APEC 国际会议、"一带一路"高峰论坛等大型国际展会和国际会议。

长江三角会展经济带以上海为中心，南京、杭州为依托。上海是国内知名的会展中心城市，其余大部分都是沿海城市，经济发展水平和国际化程度较高，主要发展各类经济和科技为主题会展，以世博会、进博会为代表的大型国际展会为上海成为国际会展中心城市提供平台。

珠江三角洲会展经济带以广州为中心，广交会为助推器，深圳、珠海城市群为依托。区域内大型展会以广交会、《财富》全球论坛、深圳高交会、广州国际车展、广州国际旅游展、东莞家电展、珠海航展等国际知名展会为代表。

东北会展经济带以大连为中心，沈阳、长春等城市为重点；中西部会展经济带以成都为中心，郑州、重庆等城市为重点。郑州举办大型机械、建材、农产品等物流量大的会展，四川举办国际熊猫节、全国春季糖酒会等节会。

会展经济在我国快速发展的今天，杭州、西安、三亚、深圳、长沙、青岛、福州、厦门等二三线城市由于基础设施条件优越、人文历史资源丰富、交通便利、旅游接待和服务设施完善、气候宜人，也越来越多地参与到国际会议和大型展览的主办城市行列中，为城市经济发展和形象宣传注入新的活力。

三、我国会展业发展趋势

2020 年中国是全球唯一实现经济正增长的主要经济体，GDP 总量突破百万亿元。中国经济长期向好，抵御风险能力强，会展业内生动力充足，在国内国际双循环新格局下，不仅国内会展业会加快复苏，全球会展业也将加快向国内转移。根据中国贸促会发布的《2020 中国展览经济发展报告》相关数据显示，2020 年全球会展经济受新冠疫情影响严重，中国会展业特别是出境展受到了较大冲击。全国展览馆受影响展览超过 3 000 场。其中，服务业类展览数量同比下降最大为 46.6%；专项类展览面积同比降幅最大为 56.8%。我国会展业在一系列复工复产的发展举措和政策支持下总体稳中向好。据 ICCA 统计，中国在 2019 年共举办了 539 场国际社团会议，排名世界第七，较上一年度提升了一个位次，显示了我国会展产业强大的国际竞争力。

大型展览馆建设速度明显加快，预计未来国内大型展览馆需求将持续增长。从数量上看，全国共有 30 个展览馆室内可租用面积在 10 万平方米以上，约占全国展览馆总数量的 21%，比 2019 年增加 3 个百分点。大中型展览馆占比的增长，一方面反映出中国展览馆建设水平的提高，展览馆规模不断增加；另一方面也反映出大中型展览馆在新冠疫情的冲击下抗压性更强，市场生存力更高。

数字展览成为稳定外贸外资发展新模式。传统展览积极运用"互联网+"技术和模式，数字展览得到加快发展。2020年4月14日，由中国贸促会主办的中国—拉美（墨西哥）国际贸易数字展览会成为"创新展会服务模式"提出以来举办的首场大型线上国际贸易展洽活动，为创新展会服务模式提供了发展方向。线上线下融合办展已成为新趋势。近年来，快速发展的短视频媒介、语音媒介、线上直播平台的发展，为线下展会提供了业务的补充，使得展会受众扩大、行业信息传播得更加及时迅速。新的展示形式、业务模式、定价方式和盈利模式，将带来新的价值创造和服务创新，展览行业正朝着更数字化、平台化和生态化的方向发展。

三大展览为全球贸易复苏增添动力，为国内国际双循环开辟新天地。2020年，在疫情防控常态化背景下，中国举办的进博会、服贸会、广交会等一系列国际大型经贸活动为全球经贸复苏注入新动能。其中，第三届进博会是中国在疫情防控常态化条件下举办的一场规模最大、参展国别最多、线上线下结合的国际经贸盛会，展览面积近36万平方米，累计意向成交726.2亿美元，意向成交额比上届增长2.1%。第四届进博会首次实施线上线下同步举办，意向成交额达707.2亿美元，企业商业展共有来自127个国家和地区的2 900多家企业参展，展览面积达到36.6万平方米，再创历史新高，展示新产品、新技术、新服务422项。

展会更加趋向于专业化、集团化。在国际上，专业性的展览已成为会展业发展的主流，代表着会展经济的发展趋势。与一般的会展相比，专业展览具有针对性强、参展观众质量高、参展效果好等特点，因此近几年来综合性展览会的举办数量不断减少，许多综合性展览会都不同程度地转为专业性展览。

拓展与思考

国际展览局（BIE）1931年设立，是协调和管理举办世界博览会的政府间国际组织，总部设在巴黎。BIE其宗旨是通过举办世界博览会促进世界各国经济、文化和科学技术的交流和发展。世界博览会是经国际展览局注册或认可，由某一国家政府主办，有多个国家政府或国际组织参加的国际性大型展示活动，展现人类在社会、经济、文化和科技领域取得成就。其特点是举办时间长、展出规模大、参展国家多、影响深远。《国际展览会公约》是人类历史上第一个关于协调和管理世界博览会的建设性公约。1928年11月22日，来自31个国家的代表在由法国政府召集的巴黎会议上，达成了《国际展览会公约》。1993年，经国务院批准，中国驻法国大使代表中国政府正式向国际展览局递交了加入国际展览局的申请。1993年5月3日，国际展览局通过决议，接纳中国为其成员国，中国贸促会派员担任国际展览局中国首席代表。1999年5月1日至10月31日，中国成功举办主题为"人与自然——迈向21世纪"昆明世界园艺博览会。会址设在昆明市北部金殿名胜风景区，占地面积218公顷，共有69个国家和26个国际组织参加，接待观众943万人次。2002年12月3日，国际展览局举行第132次大会，对2010年世博会主办国进行投票表决，中国获得2010年世博会主办权。世界博览会，它鼓励人类发挥创造性和主动参与性。把科学性和情感结合起来，将有助于人类发展的新概念、新观念、新技术展现在世人面前。其特点是举办时间长、展出规模大、参展国家多、影响深远。因此，世博会被誉为世界经济、科技、文化的"奥林匹克"盛会。

案例来源：http://fair.ccpit.org/Contents/Channel_2363/2009/0426/178963/content_178963.htm。

思考：

中国一共成功举办了几次世博会？中国主办的世博会选址在哪些城市？世博会期间有哪些亮点活动？

任务三　会展旅游的发展

会展业发展到今天，已经与旅游业紧密相连。举办会议和展览活动的所在地旅游服务设施及旅游资源的吸引力已经成为会展选择举办地的重要条件之一，会展业的快速发展也为旅游业拓展市场业务提供更广阔的空间。会展旅游时会展业和旅游业相互合作、相互作用的新业态，也成为现代服务业新的经济增长点。

会展旅游是一种综合的旅游服务形式，其内容包括各类会议旅游、展览旅游、奖励旅游、节事旅游等。狭义地说，会展旅游是由会议和展览产生的旅游活动。广义地说，会展旅游是由会展业和旅游业综合作用产生的一系列消费档次较高、经济效益较好、信息交流较广的由会展的主办方或承办方策划，针对参与展会活动的人群设计的专项旅游产品。从类型上看主要分为会议旅游、展览旅游、奖励旅游和节事活动旅游四大类。

一、会议旅游

（一）会议旅游的概念

会议旅游是指会议组织者在会议召开期间，组织与会者参与或者与会者自由开展的旅游活动，属于商务旅游范畴。会议旅游以参加会议为主要目的，游览参观为辅助的专项旅游活动,一般有人数多、规模大、专题参观特征突出、逗留时间长、消费水平高等特点。

会议旅游最早始于欧美等经济发达国家,美国是世界上举办国际会议最多的国家。国际大会与会议协会ICCA公布数据显示:2019年全球共有13 254场国际社团会议。欧洲共计举办7 033场国际会议,亚洲共计举办2 672场国际会议,北美共计举办1 472场国际会议,拉美地区共计举办1 160场国际会议,非洲、大洋洲以及中东地区分别举办415、345、157场国际会议,美国以举办934场国际会议位居榜首。紧随其后第二至第五分别是德国、法国、西班牙和英国,分别举办714、595、578、567场,中国以539场列第七位,是亚洲举办协会会议最多的国家。从城市来看,巴黎以237场排在第一,而新加坡以148场会议排在第七,东京则以131场排在第十。由此看出,国际协会会议仍以欧洲为主。

中国是举办国际会议最多的亚洲国家,2019年举办539场国际会议,比2018年增加37场,增长7.4%。从2010年至2019年,亚洲及大洋洲举办国际会议27 743场,而中国共计举办会议4 635场,占总数约16.7%。由此可见,中国仍然是亚太地区最主要的国际会议目的地之一。会议产业和会议旅游市场前景较好。

(二)会议旅游的类型

1. 年会旅游

年会即某些社会团体一年举行一次的集会,是企业和组织一年一度不可缺少的"家庭盛会"。企业通过年会活动增进优秀员工对企业的忠诚度和对企业文化的认同,年会的成功举办也使得优秀员工作业绩得到企业认可,也是一种有效的人才激励策略。

2. 专业研讨会旅游

政府和行业协会为了推动专业和行业内部交流与对外交流定期或不定期举办的专业性、专题性会议。通常会议主办方会邀请业内专家及学者到会进行专题性发言和交流,以推动行业技术发展及前沿问题探讨。在研讨会期间主办方会根据举办地的城市自然和文化资源特色结合研讨会专题安排与会者调研、参观。

3. 论坛会议旅游

为了提高论坛会议参与者参会活动的丰富性和对主办方会议服务质量的满意度,主办方会在论坛期间安排一定的时间组织与会者对会议所在城市或周边进行参观考察。据有关部门统计,国际会议旅游产业比重在世界旅游产业中占比达15%,并呈增长趋势,为城市经济发展和促进消费起到积极作用,越来越受到各国政府的重视。

4. 培训会议旅游

培训会议旅游是以培训会议为主要内容和形式的旅游产品。培训会议是旅游活动中的主要目的,往往是由行业机构和政府机关单位组织培训会议,由旅游企业承担相关的旅游活动,旅游活动与培训内容密切相关。

二、奖励旅游

奖励旅游是目前会展旅游的主要形式。根据国际奖励旅游协会的定义,奖励旅游的目的是协助企业达到特定的目标,并对达到该目标的参与人士,给予一个尽情享受、难以忘怀的旅游假期作为奖励。其种类包括:商务会议旅游、海外教育训练、奖励对公司运营及业绩增长有功人员。需要指出的是,奖励旅游并非一般的员工旅游,而是企业业主提供一定的经费,委托专业旅游业者精心设计的"非比寻常"的旅游活动。用旅游这一形式作为对员工的奖励,会进一步调动员工的积极性,增强企业的凝聚力。

据统计,大部分奖励旅游业务来自跨国性的国际公司,其次是条件优越的企事业单位,他们每年都会举行大型年会、奖励表彰会,并为员工提供相应的奖励旅游活动,而著名的旅游胜地通常是奖励旅游首选之地。此外,一般旅游活动都具有明显的季节性,而奖励旅游活动为达到最佳的效果,一般都在时间安排上错开了传统的旅游旺季,这无疑对旅游目的地平衡淡旺季客源具有积极意义。

客源市场的高端性和参与者的高消费能力,决定了奖励旅游是一个有着高收入的市场。国际奖励旅游协会(SITE)的研究报告显示,一个奖励旅游团的每一位客人的人均消费(仅指地面消费,不包括国际旅行费用)为3 000美元。新加坡旅游局经分析认为,到新加坡的中国奖励旅行团的消费能力比一般旅行团要高出1~4倍。而在一些奖励旅游比较发达的国家,接待奖励旅游团与接待普通旅游团相比,所获取的利润要高出5~10倍。

奖励旅游对旅游过程的服务有着很高的要求,每一个环节、每一个衔接都要求是最好的。他们不但在吃、住、行、游、购、娱方面具有高档次的特征,而且在组织安排以及接待服务上要求高规格,以实现与企业高品位经营理念和管理目标的相融合。

奖励旅游类型与策划分支如图1-8所示。

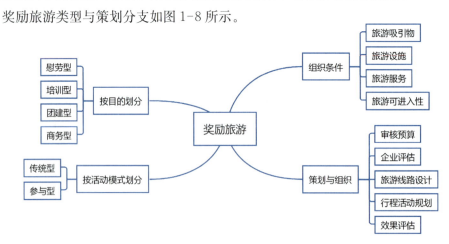

图1-8 奖励旅游类型与策划分支

(一)奖励旅游的类型

一般从奖励目的和活动模式两个标准对奖励旅游的类型进行划分。

1. 按目的划分的奖励旅游类型

(1)慰劳型

作为一种纯粹的奖励,慰劳型奖励旅游的目的主要是慰劳和感谢对公司业绩成长有功的人员,缓解其紧张的工作压力,旅游活动安排以高档次的休闲、娱乐等消遣性活动项目为主。

(2)团队建设型

团队建设型奖励旅游的目的主要是促进企业员工之间,企业与供应商、经销商、客户之间的感情交流,增强团队氛围和协作能力,提高员工和相关利益人员对企业的认同度和忠诚度。旅游过程中通常会安排参与性强的集体活动项目。

(3)商务型

商务型奖励旅游的目的与实现企业特定的业务或管理目标紧密联系,如推介新产品、增加产品销售量、支持经销商促销、提高服务质量、增强士气、提高工作效率等,这类奖励旅游活动几乎与企业业务融为一体,公司会议、展销会、业务考察等项目在旅游过程中占据主导地位。

(4)培训型

培训型奖励旅游的目的主要是对员工、经销商、客户等进行培训,较为常见的是销售培训。旅游活动与培训的结合可达到"寓教于乐",并能更好地实现培训的功效。

2. 按活动模式划分的奖励旅游类型

(1)传统型

传统型奖励旅游有一整套程式化和有组织的活动项目,如在旅游中安排颁奖典礼、主题晚宴或晚会,赠送赋予象征意义的礼物,企业领导出面作陪,请名人参加奖励旅游团的某项活动等。通过豪华、高档和大规模来体现奖励旅游参加者的身价,同时也可以通过制造惊喜,使参加者产生终生难忘的美好回忆。

(2)参与型

越来越多的奖励旅游者要求在他们的旅游日程中加入一些参与性的活动,如参加旅游目的地当地的传统节日、民族文化活动和品尝风味,使奖励旅游者通过与社会和自然界的接触,感受人与社会、人与自然的和谐,唤起社会责任感。

(二)奖励旅游的特点

奖励旅游是会展旅游的重要组成部分,它们具有共同的特点,如组团规模大、消费档次高、季节差异小、经济效益好等。除此之外,奖励旅游的特点如下。

1. 具有鲜明的企业文化特征

企业文化是企业员工在长期的生产经营活动中培育形成并共同遵守的最高目标、价值标准、基本信念以及行为规范。没有企业的经营活动也就没有企业文化的产生,而企业文化是为企业经营目标服务的。企业组织奖励旅游的目的是弘扬企业文化,树立企业形象,宣扬企业理念,提高企业经营业绩,因此旅游活动的安排要与公司的企业文化相适应,要将企业文化有机地融于旅游活动之中。即使是企业高层领导与受奖者共商企业发展大计,也总是围绕着企业文化这一主题展开。

2. 团队整体素质高,约束力强

参加奖励旅游的旅游者不同于一般的旅游者,他们是企业中创造业绩的人、对企业有贡献的人(包括企业品牌的重要消费者),并通过特定的资格审核,整体素质比较高。他们对企业目标、行业规范以及价值观念的认同感强,从而自觉遵守组织中共同的价值观和行为准则,受到领导和群众的认同和赞扬,在心理上会有备受尊崇的满足感。他们在参与奖励旅游的整个过程中,事事处处都表现出行动的一致性,随意性小。

3. 会议与奖励结合

在奖励旅游的日程中,根据企业组织该活动的意图与宗旨,要安排诸如颁奖仪式、主题晚宴、先进事迹报告、企业发展战略研讨、工作计划讨论等会议活动,做到会、奖结合。负责承办旅游活动的专业机构对整个日程安排与活动布置都必须进行精心策划和设计,要衬托出企业文化,要营造出满足员工成就感和荣誉感的氛围,既要能达到企业(单位)举办活动的目的并激发员工的积极性,又要能给参加者留下终生难忘的美好回忆。

(三) 奖励旅游的作用

1. 有利于创建团队精神

企业员工平常有各自的岗位,上班时间各人干各自的工作,下班后各人有各自的家务或业余生活,很少有在一起谈心与交流的机会。企业组织奖励旅游的目的之一就是为员工提供在一起交流的机会和场所,让员工在旅游活动中住在一起、吃在一起、玩在一起,有困难大家帮、有欢乐大家享,增进彼此间了解,加深相互间友谊,从而增强企业凝聚力,促进团队精神的培育。

2. 有利于增强管理者和企业的亲和力

企业日常工作中,员工与管理者的接触比员工之间的接触更少。奖励旅游给员工和管理者创造了一个比较特殊的接触机会,大家可以在旅游这种较为随意、放松的情境中进行一种朋友式的交流,让员工在交流中感受管理者的情谊、管理者的心愿、管理者的期盼,从而增强管理者和企业的亲和力。

3. 有利于延长奖励的时效性

奖励方式多种多样，既有物质奖励，也有精神奖励。发奖金、送奖品是一种最为普遍的奖励形式，但对受奖者来说，激励的时效较为短暂。一些研究管理问题的心理学家在经过大量调查和分析后发现，把旅游作为奖品来奖励员工、客户时，其所产生的积极作用远比金钱和物质奖品的作用要强、要好得多。原因是在旅游活动过程中营造的"荣誉感、成就感"氛围，使受奖者的记忆更持久，旅游活动过程中受奖者之间、受奖者与管理者之间通过交流增强的亲切感，能够激励员工更好地为企业服务。因此，这种奖励方式越来越受到企业、员工的重视与欢迎。

4. 有利于旅游产品的多元化发展

随着社会经济的快速发展，人们对旅游的要求也日益提升，传统的旅游产品已满足不了人们的需求，这就要求旅游业界积极拓展旅游产品，改善旅游产品结构，逐渐从由单一的观光旅游向多元化发展。奖励旅游在诸多旅游产品中，效益高、前景好，已成为国际旅游市场的热点项目。推进我国旅游市场中奖励旅游产品的开发，有利于我国旅游产品结构的调整，有利于旅游产品的升级换代和多元化发展。

（四）奖励旅游的基本条件

1. 旅游吸引物

旅游吸引物是奖励旅游目的地存在和发展的基础，是促成奖励旅游者外出旅游的首要原因。如果奖励旅游目的地有足够的吸引物，就容易将之推销给旅游者。通过对年轻白领的市场调研中得知，他们喜爱和期待的国内奖励旅游目的地比较集中的地方是西藏、香港、九寨沟、丽江和张家界等地区。奖励旅行行程活动安排要求特殊，需根据企业意图量身定做，其所有项目不仅仅是安排特殊旅游路线、旅游活动就能满足的。此外，一般还包含企业会议、培训、颁奖典礼、主题晚会等。

2. 旅游服务

任何一种产品，其成功除了有过硬的技术、领先的科技等因素外，决定其最终成败的因素还是看服务，这包括服务理念、服务态度、服务内容、服务项目、服务价格、服务技术等。而要成为奖励旅游目的地，重要的要求是这些服务是否达到了国际旅游的通行标准。为商务人士提供的旅游服务不仅是代买机票、预订酒店，更重要的是提供全套旅游管理项目的解决方案，包括提供各种咨询服务、最大限度地降低旅行成本、提供最便捷合理的旅行方案和打理一切旅行接待服务等。

3. 旅游设施

设施要求较高，特别是会议设施、宴会设施，这是为了方便奖励旅游团队举办会议、培训、典礼及宴会。设施包括专有设施和支持设施两种。专有设施通常与旅游活动密切相关,是直接为奖励旅游者提供必要服务和相联系的物质条件,如在食住行游购娱等方面对奖励旅游者的直接供给;支持设施是构成旅游目的地的重要组成部分,包括公共设施,如城市的基础设施建设是否符合高规格会议团队和奖励旅游团队的旅游活动顺利开展。旅游设施条件等直接影响奖励旅游活动的举办。

4. 旅游可进入性

除基础的交通条件、网络信息通信条件外,还应包括当地居民对旅游团队的可接受性、环境的可承载量和当地的社会秩序等。

(五) 奖励旅游的策划与组织

1. 预算审核

奖励旅游与其他旅游项目的不同之一即表现在预算上,区别于普通的包价旅游向旅行社购买现成的产品,它是一种很特殊的旅游,类似于企业的定价旅游。它要求会展企业和会议中心酒店、旅游公司等相关企业能够在市场调查的基础上根据客户对奖励旅游产品的需求,设计出令其满意的奖励旅游产品及服务。

2. 企业评估

策划和组织奖励旅游之前应对目标客户企业进行准确细致的评估与分析,然后依据企业的特性而个别设计最具特性的旅游行程。不同行业和企业对奖励旅游的行程安排、主题设定、时间安排都有差异。市场营销部门对企业的评估与分析应包括对企业财力、经营背景、先前奖励旅游状况、市场竞争对手以及企业特性。

3. 旅游线路设计

旅游路线设计是奖励旅游的策划组织者根据企业的特点和要求,结合目的地旅游资源和接待服务的实际情况,为企业量身定做的包括整个旅游过程中全部旅游项目内容和服务的旅游浏览路线,也包含各项休闲娱乐活动。旅游活动中主题活动的设计是影响奖励旅游顾客满意度的关键所在。常见的配套活动主要包括以下内容。

(1) 公司会议。奖励旅游期间如需安排会议,旅行社可负责联络及执行各项会议的工作(如会议场地租洽),大型活动或会议所需各种设备(如灯光、音响、特效等)。

(2) 业务培训。将工作与奖励旅游活动联系在一起,成为奖励旅游发展的一种新的趋势,在奖励旅游期间对员工进行培训,现已被许多国外企业所采用。

(3) 主题宴会。主题宴会是最常使用在奖励旅游行程中的特殊安排。通过主办企业、旅行社、当地业者及酒店(或其他相关场地)共同研究策划,可设计出风格独特的主题晚会,但仍需以企业需求为主。主题晚会设计重点是让参与者感到惊喜。比如参加晚宴的嘉宾的照片或名字被主办方精心订制铭刻到宴会厅的伴手礼等礼品上;或者专门为奖励旅游的优秀员工准备宴会期间的颁奖仪式或者抽奖活动等。

4. 行程活动规划的确认

奖励旅游的组织策划方根据企业需求拟好行程活动规划后,应充分与企业相关人员协商,以按企业要求做适当修改,并最后在双方满意的基础上落实细节并签订确认合同。

5. 效果评估

企业进行奖励旅游的特点之一是持续性与稳定性,即存有奖励旅游需求的企业在形成一定惯例后,每年都会开展若干次的奖励旅游活动。因此,旅行社要想在激烈的市场竞争中立于不败之地,拥有稳定的客户群,并在此基础上不断拓展新客户。奖励旅游的组织策划方应在旅游活动中充分考虑企业员工和实际需要,在旅行和活动策划上让员工感到满意和惊喜,给他们带来愉快的旅游体验,这就需要对奖励旅游效果进行回访与评估,从而不断改进奖励旅游产品。

拓展与思考

CMIC 中国会议产业大会"会奖之星"颁奖典礼

时间:2023 年 2 月 15—17 日

奖励旅游主题:服务创新

奖励人数:1 000 人

活动地点:北京雁栖湖国际会展中心

2023 年 2 月 15—17 日,由《会议》杂志发起,以"服务 创造"为主题的第十四届中国会议产业大会,在北京市怀柔区的北京雁栖湖国际会展中心举行。中国会展经济研究会会长曲维玺,北京市怀柔区委常委、常务副区长梁爽,国务院参事室国际交流合作司原司长孙维佳等嘉宾出席。在大会期间,共有来自会议及奖励旅游行业的1 000 余位嘉宾、代表出席大会。展览面积达 3 000 平方米,北京市怀柔区、苏州、成都、厦门、南京、杭州、宁波、大连、无锡、珠海等地区、城市展团及诸多企业进行现场展览展示,为奖励旅游、会议产业重启带来开门红。2023 年春节后全国会展行业恢复重振,全面恢复线下展会,以推动经济稳步回升,助力产业和经贸发展,加快打造国际会展之都,而这也将再一次成为中国会展经济发展的新起点。作为癸卯年会议、会展及奖励旅游行业的第一场盛会,第十四届中国会议产业大会得到全产业链的关注,通过组织中国活动 IP 发展论坛、国际会议展览中心领导人圆桌会、会奖资源推介会、未来已来——会奖人论坛、数字科技论坛、全体会议和会奖之星颁奖典礼等分项活动,为更多从业者带来新的思路和业务解决方案。

中国会议产业大会是集会议、展览、洽谈等于一体的综合性行业活动,是国际国内会议与奖励旅游从业者学习新知、交流思想、对接业务、开展商务社交不可或缺的重要平台。为适应当前会奖行业重启的形势,除组织会议与奖励旅游展览交流洽谈之外,大会还特别设置了公关公司专场洽谈,并且规模较上届相比有所扩大,中国公关采购联合会组织超过90位公关公司的采购负责人,现场与各企业代表进行资源与服务采购意向对接。第十四届中国会议产业大会引进虚拟现实技术,带来全新的观感体验。为适应线上直播会议的需要,大会首次引进即享影像直播切片系统和技术,一方面参会代表可随时查看会议各项活动视频回放,另一方面还可以分享嘉宾为关键词,精确搜索嘉宾演讲片段,还可以即时分享短视频,真正做到高效传播。此外,展场特别设置了声博士静音舱,参会代表可以在其中进行商务会见、商务办公,也成为会议场地空间的一种新选择。

作为大会的联合承办方,北京雁栖湖国际会展中心也在服务方面进行了全方位升级,不仅带来更加细致周全的会场服务,而且在会议商务餐饮方面进行了创新,突出新鲜、美味、安全、精致等特点,为参会代表带来全新的体验。

大会评选出"2022会奖之星中国最具竞争力会议酒店""2022会奖之星中国最具竞争力国际会展中心"等多个业内最具影响力的奖项。会展及会议产业行业精英齐聚一堂,通过奖励旅游的方式参加本届盛会,业内人士通过线上线下洽谈会、圆桌论坛、分论坛等多种形式相互交流与学习,全方位提升会议产业服务与管理能力。

案例来源:http://expo.ce.cn/gd/202302/20/t20230220_38402261.shtml。

思考:
1. 旅游公司为该公司策划的奖励旅游有哪些值得借鉴的地方?
2. 组织策划奖励旅游之初首要考虑的因素主要有哪些?

课后思考题

1. 我国会议产业发展现状呈现出怎样的发展趋势?奖励旅游在国内发展前景如何?
2. 酒店承办和接待的高端会议包含哪些服务内容?

项目二
酒店会议管理理论

 学习目标

了解酒店会议管理的概念,熟悉酒店会议项目管理的相关内容。

了解酒店会议全面质量管理概念,掌握酒店会议全面质量管理相关理论。

了解酒店会议服务质量相关内容,熟练掌握质量差距类型和补救。

通过该项目的学习,加强学生对酒店会议管理的科学认识,引导学生关注思考酒店会议过程中的各种现象,培养同学们思辨、全局眼光看待问题、解决问题。

 基本概念

酒店会议管理　酒店会议项目管理　酒店会议全面质量管理

2017亚太旅游协会(PATA)探险旅游洛阳峰会,于4月3日在铂都利豪国际饭店三楼多功能厅举行。这是一次聚集世界目光的盛会,为确保PATA接待任务的圆满成功,河南省洛阳市旅游局指定铂都利豪国际饭店为会议接待的主会场,主要负责接待PATA组织来自亚太以及欧美区域的高层领导和贵宾。这也是饭店继成功承办"2009世界邮展"会议之后,再次承办的一场高规格的国际性会议,也是铂都利豪国际饭店具有里程碑意义的一次接待任务。

针对本次PATA会议接待工作,洛铂集团领导高度重视,要求饭店各级管理人员和全体员工以高度的责任感充分认识到PATA会议接待的重要性,全力以赴顺利完成接待任务,充分展现"洛铂人"的风采,展现铂业集团的窗口形象。饭店对PATA接待工作的总体要求是:"高度重视,牢记使命,齐心协力,高标准完成PATA

会议接待任务"。

  一次高规格接待,从任务的接受到方案的制定,再到工作的实施,是一个庞大的系统工程,环环相扣,缺一不可。为确保圆满完成 PATA 会议的接待服务工作,饭店成立了由总经理为组长的 PATA 会议接待工作领导小组,统一筹划协调会议接待服务的各项工作。饭店制定了详细的 PATA 会议接待服务方案,分别设立了日常接待组、迎宾服务组、管家服务组、洗衣服务组、晚宴服务组、早餐服务组、销售协调组、工程保障组、安全保障组、食品原材料采购验收保障组等,并将各小组的工作职责和要点按照接待服务方案细化至每一名员工、每一个点。

  为了更好地调动广大员工的积极性、统一思想,饭店还召开了 PATA 会议接待动员大会,饭店希望各部门严格按照饭店 PATA 会议接待方案,细化和量化服务流程,明确任务,责任到人。各部门要秉承"高标准、严要求"的原则,对重要接待流程进行实操演练,并将精细、周到、规范、美好的服务理念融入 PATA 会议接待的每一个环节,力求接待服务做到"零失误、零缺陷、零差错"。

  铂都利豪国际饭店高度重视 PATA 探险旅游洛阳峰会的举办,充分调动饭店各个部门的积极性,整合各个部门的资源,实现各个部门的高度配合,圆满完成了饭店接待活动,达到甚至超出了主办方的预期需求以及期望。这正是酒店会议项目管理的具体体现。

  案例来源:https://www.sohu.com/a/132570044 712973。

思考:
1. 影响酒店会议项目管理的因素有哪些?
2. 在酒店会议项目管理过程中,酒店的各个部门如何才能实现 1+1>2 的效果?

任务一 酒店会议项目管理

一、酒店会议项目管理的内涵

  项目管理的起源要追溯到 20 世纪,这个时期的项目都是依靠人们的经验来进行管理的。长城、金字塔这样的工程,都是经验式项目管理的典型例子。这个时期项目管理的标志性事件有：1917年，亨利·甘特（Henry L. Gantt）发明甘特图；20世纪30年代，里程碑（Milestone）的提出与广泛应用。受当时科学技术水平和人们认知能力的限制，这个阶段的项目管理是经验的、不系统的，还算不上是真正意义上的项目管理。近代项目管理的萌芽，源于20世纪40年代，主要应用于国防和军工领域的项目。1939年，二次世界大战爆发，项目管理被认为是二战的副产品，在战争的无序之中，诞生出了项目管理的有序。在冷战的斯普特尼克（苏联的第一颗人造卫星）危机之前，项目管理还没有成为一个独立的概念。1940年，美国曼哈顿原子弹计划首次应用项目管理来进行项目的计划和协调管理。随着时间的不断推移，人们逐渐发明了大量的项目管理工具和方法，还成立了项目管理的专业组织。从20世纪70年代开始，项目管理逐步发展成为具有自身特色的专业学科。80年代是传统项目管理和现代项目管理阶段的分水岭。自1980年之后，美国、英国和澳大利亚等国家先后开始在大学设立正式的项目管理学位课程，项目管理开始逐步规范和系统化。

项目管理（project management，PM）是美利坚合众国最早的曼哈顿计划开始的名称。后由华罗庚教授于20世纪50年代引进中国（由于历史原因叫统筹法和优选法）。项目管理如今普遍运用在各个方面，在酒店会议中也有所体现，常被称为酒店会议项目管理。

酒店会议项目管理指在会议项目活动中运用专门的知识、技能、工具和方法，使会议项目能够在有限资源限定条件下，实现或超过设定的需求和期望的过程，是酒店管理的重要组成部分。

二、酒店会议项目管理的特点

（一）目的性

酒店会议项目管理的目的性要通过开展会议管理活动去保证满足或超越会议有关各方面明确提出的会议目标或指标，满足会议有关各方未明确规定的潜在需求和追求。

（二）独特性

由于酒店、顾客以及会议的目的不同，会议本身就具有较强的独特性。因此，会议项目管理的方式和方法也具有一定的独特性，无法形成统一化的管理模式。也就是说，想要达到会议项目管理的有效率和有效果，需要对不同的会议而采用不同的管理模式和策略，"因地制宜，因材施教"地开展会议项目管理活动，从而使会议达到会议预定目标。

（三）复杂性

酒店会议项目管理的复杂性体现在，酒店会议项目活动的开展往往会涉及多个方面的工作内容和相关人员,这就容易产生多种多样的问题和矛盾,酒店会议项目管理的复杂性就在这种复杂的联系和矛盾中产生。因此想要解决好会议项目管理的复杂性就需要运用综合的管理知识和技能实现对会议的控制和管理。总之,酒店会议项目管理是一种复杂的组织行为管理活动,各要素之间联系密切,相互影响。

三、酒店会议项目管理的基本原则

(一) 平衡原则

在一般的项目管理原则中,平衡三角形的三个角是进度、费用和质量。在酒店会议项目管理之中也存在这样的平衡三角形。酒店会议的管理需要在规定的时间内,用更少的费用来让会议取得更高的质量以及让顾客获得更好的体验。

(二) 用户参与原则

酒店属于服务业,酒店所做的一切都是为了给顾客带来良好的体验和感受。酒店应询问顾客的建议并加以修改,提高顾客对酒店会议的整体满意度,同时顾客对酒店会议的反馈能够让酒店提高效率和消除矛盾,不断完善酒店会议。

(三) 计划和控制原则

会议在会前、会中以及会后过程当中随时都有可能出现各种各样的问题和状况。如果没有计划,就不能对酒店会议产生的问题进行控制,让会议能够继续顺利开展。因此,做计划是酒店会议项目管理最重要的原则之一,它不是一种选择而是一种必需。

四、酒店会议项目管理的基本理念

(一) 服从全局的理念

酒店会议项目管理的具体方式要由酒店来决定,同时必须服从和服务于酒店经营。

(二) 统筹协调的理念

统筹协调理念就是科学发展观。科学发展观就是以人为本的统筹、协调发展观点。在酒店会议项目管理上就要做到统筹、兼顾方方面面的关系。

(三) 人力资本理念

树立人力资本理念,重视人才的作用,把人才当作最宝贵的资本。酒店会议的布置以及开展需要一定数量的人员,调动员工的积极性,发挥员工的创造性和创新性,让员工的才能得到展现,这样才能提高酒店会议管理的质量。

五、酒店会议项目管理流程图

酒店会议接待工作是按项目管理的流程进行的,在会议项目前主要进行项目接洽与酒店人员、场地等准备和计划工作。在会议项目中主要落实项目的执行和监督等工作。会议项目结束后主要进行服务及账目的审核、结账、总账等工作。图 2-1 是酒店会议项目管理流程图。

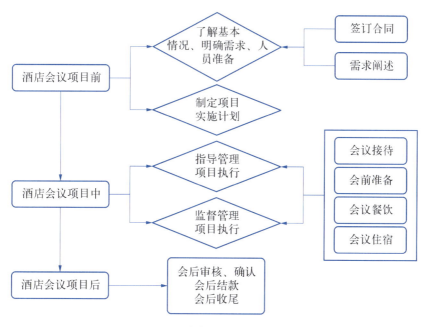

图 2-1　酒店会议项目管理流程图

任务二　酒店会议全面质量管理

一、酒店会议全面质量管理的定义

全面质量管理,在 20 世纪 60 年代初由美国专家费根堡姆最先提出。它是在传统的质量管理基础上,随着科学技术的发展和经营管理上的需要发展起来的现代化质量管理,现已成为一门系统性很强的科学。从1961年费根堡姆提出全面质量管理的概念开始,世界各国对它进行了全面深入的研究,使全面质量管理的思想、方法、理论在实践中不断得到应用和发展。

  1950年,戴明博士在日本开展质量管理讲座,日本人从中学习到了这种全新的质量管理的思想和方法,这对日本经济起到了极大的促进作用。到了1970年,质量管理更是被广泛运用到全日本企业的基层之中。从20世纪70年代开始,日本企业充分认识到了全面质量管理的好处,开始将质量管理当作一门学科来对待,并广泛采用统计技术和计算机技术进行推广和应用,全面质量管理在这一阶段获得了新的发展。随着全面质量管理理念的普及,越来越多的企业开始采用这种管理方法。1986年,国际标准化组织ISO把全面质量管理的内容和要求进行了标准化,并于1987年3月正式颁布了ISO9000系列标准,这是全面质量管理发展的第三个阶段。随着质量管理思想和方法往更高层次发展,企业的生产管理和质量管理被提升到经营管理的层次。"质量管理是企业经营的生命线"这种观念也逐渐被企业所接受。酒店会议管理作为酒店经营管理的一部分,其中所涉及的思想观念以及理论也包含了全面质量管理理论,这就产生了一个新的概念——酒店会议全面质量管理。

  酒店会议全面质量管理是指酒店为保证和提高会议服务质量,组织酒店全体员工共同参与,综合运用现代管理科学,控制影响会议服务质量的全过程和各因素,全面满足宾客需求的系统管理活动。它要求以系统观念为出发点,通过提供全过程的优质服务,来达到提高酒店会议服务质量的目的。

  酒店会议全面质量管理是一种综合的、全面的、立体的经营管理方式和理念。要重视的不再仅仅是产品或服务的质量,而是整个会议管理的质量。因此,全面质量管理已经成为酒店实现战略目标的最有力武器。

二、酒店会议全面质量管理的特点

  酒店会议质量是指与会议相关活动中,满足规定或潜在需求的特征或特性的总和。会议质量不但取决于会前筹划、会中协同以及会后反馈,还取决于与会人员的关系、服务技能及态度等方面,其主要特征包括以下方面。

(一)价值性

  价值性是指酒店所提供的会议服务是否有效满足了顾客的会议目的以及在会议过程中所需的服务质量。

（二）经济性

经济性是指顾客在会议得到一定的服务所花费的费用是否合理。这里所说的费用是指在接受会议服务的全过程中所用的费用，即服务周期费用。经济性是相对于所得到的会议服务质量而言的，即经济性是与价值性、安全可靠性、时间性、舒适性等密切相关的。

（三）安全可靠性

安全可靠性是指酒店在会议服务过程中保证顾客的生命健康和精神不受到伤害，财产不受到损失，同时酒店准确可靠地完成会议的预期服务，避免出现服务差错。安全可靠性也包括精神方面，但改善安全性重点在于物质方面。

（四）时间性

时间性是指酒店帮助顾客并迅速有效提供会议服务。让顾客等待，特别是无原因的等待，会对质量感知造成不必要的消极影响。会议服务失败时，迅速解决问题会给质量感知带来积极的影响。对于顾客的各种要求，酒店能否给予及时的满足将表明酒店的服务导向，即是否把顾客的利益放在第一位。同时，服务传递的效率还从一个侧面反映了酒店的服务质量。所以，尽量缩短顾客等候时间，提高服务传递效率将大大提高酒店会议的服务质量。

（五）舒适性

在服务的过程当中，顾客的预期体验感是否得到满足，也是服务质量的重要体现。因此，酒店会议服务中十分重视会议场地及设施、设备的专业性和顾客在会议现场体验是否感到舒适。比如，会议现场设施、设备的音质、画面是否让与会者获得听觉和视觉上的舒适性；会议现场的温度、湿度是否适宜等。

三、酒店会议全面质量管理的基本原则

（一）"以人为本，员工第一"的原则

酒店各级、各部门、各环节、各岗位的优质服务及其服务质量，都是广大员工创造的。为此，在酒店服务质量管理的全过程中，必须始终坚持"以人为本，员工第一"的原则。要始终把人的因素放在第一位，关心爱护员工，要运用行为科学理论和方法，运用各种激励手段充分调动广大员工，特别是一线员工的主动性、积极性和主人翁责任感，才能提供优质服务，做好全面质量管理工作。

(二)"宾客至上,服务第一"的原则

在酒店全面质量管理过程中,"以人为本,员工第一"和"宾客至上,服务第一"是一个问题的两个方面。两者是互相联系、互相依存、密不可分的。前者是后者的前提和基础,后者是前者的自然结果。只有重视员工、尊重员工,充分调动他们的主动性和积极性,他们才能自觉地做好服务工作,才能将"顾客至上、服务第一"的原则落到实处。同时,要贯彻"宾客至上,服务第一"的原则,必须以酒店客人的活动规律为主线,以满足客人的消费需求为中心,认真贯彻质量标准,将标准化、程序化、制度化和规范化管理结合起来,加强服务的针对性,切实提高服务质量。

(三)"预防为主,防范结合"的原则

酒店服务质量是由一次一次的具体服务所创造的使用价值来决定的,具有显现时间短和"一锤定音"的特点,事后难于返工和修补。因此,全面质量管理必须坚持预防为主、防管结合。其体要求是:① 必须根据各项服务的实际需要,把质量管理的重点放在事先做好准备排除各种影响服务质量的因素上面。② 必须重视酒店服务质量的现场管理、走动式管理和优质服务的现场发挥,从而确保提高服务质量。

四、酒店会议全面质量管理的四个阶段

酒店推行全面质量管理常用 PDCA 循环工作流程。"PDCA 循环"流程的基本内容是在做某事前先制定计划然后按照计划去执行,并在执行过程中进行检查和调整,在计划执行完成时进行总结处理。戴明把这一规律总结为"PDCA 循环"。全面质量管理一般分为四个阶段(图 2-2)。

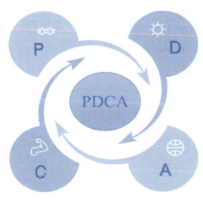

P(plan)计划,包括方针和目标的确定,以及活动规划的制定

D(do)执行,根据已知的信息,设计具体的方法、方案和计划布局;再根据设计和布局,进行具体运作,实施计划中的内容

C(check)检查,总结执行计划的结果,分清哪些对了,哪些错了,明确效果,找出问题

A(action)改进,对总结检查的结果进行处理,对成功的经验加以肯定,并予以标准化;对于失败的教训也要总结,引起重视

图 2-2　PDCA 循环工作流程

第一个阶段称为计划阶段,又叫 P 阶段(plan),这个阶段的主要内容是通过市场调查、用户访问、国家计划指示等,摸清用户对产品质量的要求,确定质量政策、质量目标和质量计划等。

第二个阶段为执行阶段,又称 D 阶段(do),这个阶段是实施 P 阶段所规定的内容,如根据质量标准进行产品设计、试制、试验、计划执行前的人员培训。

第三个阶段为检查阶段,又称 C 阶段(check),这个阶段主要是在计划执行过程中或执行之后,检查执行情况,是否符合计划的预期结果。

第四个阶段为处理阶段,又称 A 阶段(action),主要是根据检查结果,采取相应的措施。

五、酒店会议服务流程管理

(一) 阶段1　会前准备工作

会前准备工作是会议接待成功的基础。

1. 清洁会场

在会议布置之前要做一次场地清洁卫生工作,确保整体清洁并符合卫生防疫标准,做到会场无灰尘、无污迹、无杂物、无异味,窗明厅亮,台布、餐具整洁、无破损,无水迹、整洁划一。

2. 悬挂横幅

根据会议规模和客户要求,确定横幅长度和字体、字距、横幅高度,规范悬挂会议横幅于会场居中正上方。

3. 确定台型

会议有不同的内容、性质、规模,常见的会议布局有"一"字形、"口"字形、"凹"字形、"T"字形、马蹄形、课桌式、剧院式等变化样式,具体布置方案应根据主办单位的不同要求、会议厅的面积大小和形状来确定,进行台型布局。

4. 铺设台布

会议桌台布要求平整,中线居桌中两边下垂长度相等。台裙要求裙边划一会议设有主席台的,需铺设平整的台呢和台裙。

5. 排列座椅

椅子要求摆放整齐,数量要与参会人数相等或富余;椅子间距按规范要排列,通常为20~30厘米;主席台的座椅间距可再增加10厘米左右;主席位应比其他椅子间距再稍宽10~15厘米;每排座位数较多时,中间及两侧应设通道。

6. 摆放用品

台面摆放物品标准:整齐、干净,方便使用,规范合理、横齐竖直。

会议专用且有统一标识的文件夹正面向上摆放在每个座位正前方的桌面上,下端与桌沿距离为 1 厘米；削过的铅笔商标朝上摆在文件夹的对角线的正中间，笔尖朝左上方；茶杯（下面放纸杯垫）摆放在台面文件夹的右上方，离下沿桌边约 30 厘米，杯柄统一朝向客人右手方向，每个茶杯等距离；若在客人饮用矿泉水的情况下：应统一使用玻璃水杯，水杯的位置在客人的正上方（玻璃杯左边，矿泉水右边，间距 1.5 厘米，杯子放杯垫）；如上水果盘可在两个位子中间摆放一盆；小毛巾带底托放置在座位左手边；烟缸是否摆放应根据客人的要求决定，若放，将烟缸摆在会议桌的上方，两人使用一只烟缸，与茶杯呈一条直线（无烟会场不放置烟缸）。

7. 席签定位

主席台排座次、放名签，是为了方便与会领导对号入座，避免上台之后互相谦让。会场布置时应按会议主办方的要求摆放席签。

8. 布置植物

应根据会议规模、性质和主办方的要求，选放适当的绿色植物和花卉点缀，同时确定摆设的位置、数量及形状等；主席台面上布置相宜的新鲜盆花；

如需用演讲台的，上面要摆上一盆新鲜盆式插花；主席台前须根据台面长度布置相应的盆式花卉，如需要会议室用于接见或会见贵宾的，在宾主之间的茶几上也需摆设新鲜、适宜的单面插花。

9. 配置设备

若会议要求使用投影仪、同声翻译系统等视听设备，要及时联系工程部准备和安装；并指派专人在会前对所需的音响、话筒、照明、空调等机电设备进行全面的调试，确保会议期间安全完好地使用；服务设备包括：麦克风（普通式、无线手握式和无线领夹式）、激光指示棒、多媒体投影仪等。

10. 调试室温

会议前 1 小时输送空调通风，以保持场内的空气清新；会场内应根据季节变化调节气温和湿度，一般夏季温度为 22～24℃；冬季温度为 20～22℃；春秋两季温度为 21～23℃；会场内相对湿度以夏季 50%、冬季 40%、春秋两季 45% 为适宜。国家规定室内空调温度设定为 26℃，则按规定执行。

11. 设置会标

会议前 2 小时必须在酒店大堂及会场入口处设置好规范的会议指示牌并利用酒店大堂电子液晶告示屏幕；核对会标内容、字体、颜色是否符合要求；客人自带宣传品摆放，应根据具体情况决定摆放时间、地点、场合、形式等，以不得破坏酒店内任何装饰、设施和形象为原则。

12. 设签到台

人数较少的会议可根据情况不设置会议签到台；大中型会议以及对号入座方式会议

需要签到台,并应根据会议主办方的要求,尽力满足在会前帮助选择合适地点设置签到台;对于重要会议还应布置好会前接见厅,以方便重要宾客的会前休息或会议主办方与重要宾客的会前接见活动。此时,VIP会议服务员要认真做好会前接见(休息)厅的接待服务工作。

(二) 阶段2　会前检查

在会前30分钟时,由领班或主管进行巡视和检查;如遇会议性质重要,部门主管和餐饮总监/经理也须进行现场巡查和督导,以确保服务品质和安全;

检查会场的灯光照明、室内温度、文具用品、音响设备、会议物品是否符合标准以及各种饮品的存量是否符合要求;

检查横幅、指示牌等会标内容是否正确,绿色植物的摆设是否妥当;

检查整体环境卫生是否整洁舒适,消防通道门是否开启,要确保行走通畅和安全;

检查服务人员的着装是否统一,仪容仪表是否符合标准;

酒店餐饮部自查后,应邀请会议主办方到场察看,尊重主办方的意见和要求,发现问题及时纠正。

(三) 阶段3　迎接客人

迎宾员须在会前30分钟时到会场门口站立迎接客人。

遇客人需要帮助时,应主动热情服务,如搀扶长者入座、派发会议资料等事项。

当客人随身携带物品较多时,服务员应帮助提拿、协助摆放,并婉言提醒客人妥善保管。客人进场入座后,服务员应主动按顺序为客人沏茶(茶水七成满)。

出席会议的重要宾客提前到达时,VIP会议服务员应将其引领进休息室,上茶和上小毛巾。当重要宾客起身步入会场时,迎宾员应主动走在侧前方引领入座。

主持人宣布会议开始,服务员应环视会场,观察与会者是否全部到场入座,并退至门边,并轻轻将门关上,以免干扰。同时,在门外等候接待未到宾客。

遇重大盛会活动时,根据工作需要,酒店总经理及相关管理人员应在大堂门口迎候相关领导和嘉宾,以示尊重和礼仪。

(四) 阶段4　会场服务

会议开始后,服务员应随时注意宾客人数,若超出预定人数应立即添加座位和用品、茶具等;如属保密性会议,服务人员应面朝客人退出会场,轻轻把上门关上,在会场外待命,不得擅自离岗。在会议期间如有客人进出会场,服务员应主动为客人拉门、关门。

在会议进行中,服务员的服务要求做到"三轻一快"(说话轻、走路轻、操作轻、服务快)规范服务,讲究礼貌礼节,保持会场周围安静,确保会议安全。续茶送巾应根据实际情况进行,一般间隔20分钟左右续茶一次,尽量不影响客人开会。

遇大型或重要性会议时,主席台应有VIP会议服务员专职负责,并酌情灵活地做好服务工作;当重要领导讲话时,注意会场的严肃性,不得随意为客人添加茶水。

当一切服务工作妥当之后,服务员可站立会场靠后一侧静候并观察全场;与会者有事招呼,随时应承,及时处理。特殊情况时可按客人要求进行服务。

要控制与会无关人员随便出入会场,尤其是保密性较强的会议更不能让外人随意进出。如有电话或来访者找与会者,则必须通知主办方工作人员传呼接待,服务员不得大声传呼。若在会议中,音响或其他电器出现故障时,工程部全程服务的音控师要立即查看和调整。

若会场出现特殊意外情况的发生,现场服务人员要反应敏捷,立即通报上级领导和有关部门,积极采取相应的应急预案措施,同时及时快速引导客人撤离会场。

遇重大盛会活动时,酒店专业会务经理及餐饮总监/经理要进行全场跟踪服务,酒店相关部门人员要主动、积极地协助与配合,整体、完美地彰显开元卓越的服务品质和优势。

(五)阶段5 会休回形

会议中间有简短休息或离场饮用茶点时,服务员要辅助整理会场,补充和更换相应用品。若会议全天进行,服务员要利用客人就餐时间对会场进行回形和整理。

要快速整理会场卫生,保证会议场所的良好环境。桌椅重新排列整齐,并更换新的茶杯或水杯,补充纸、笔,调换烟缸等。要检查有无未熄灭烟蒂等安全隐患,有无破损设备,以便及时处理,确保会议能继续正常进行。

服务员不得随意乱动客人的文件资料及物品。但发现客人有贵重物品遗留桌上,应做好登记代为保管,以便客人返回会场后及时归还。

客人中午离场就餐,一般应有服务人员留守会场值班。服务员若也有事需离开会议室,必须将门锁好,以免客人物品丢失。

(六)阶段6 续会服务

会议休会后继续开会,服务员应酌情重新为客人沏茶水和送小毛巾。

如果更换会议服务员,则必须认真按岗位职责说明做好会议服务交接班工作。

续会服务工作基本与会场服务内容相同。

(七)阶段7 结束工作

会议服务结束工作,是圆满完成会议接待服务,体现会议优质服务的最后环节,全体服务人员必须从细微处着手,在"全"字上下功夫。

会议结束时,服务员应站在门口两侧,微笑送客,礼貌道别,并关照宾客带好会议文件资料及随身物品。

迅速仔细检查会场内有无宾客遗忘的物品,如发现有遗留物品应即送还或及时上交。仔细检查设备设施是否完好,如有损坏现象应及时与会务组联系并按价赔偿。

根据客人需要,协助整理会议物品;如需要运送物品,应予帮助并送到指定地点。

关闭空调、大灯、机电设备及相关电源,拆除横幅,指示牌等会标,将绿色植物复位摆放。

收拾会议桌面及清扫会场,小会议室应在半小时完成清理工作,大会议室必须在下班前完成;离开会议室时要关闭所有电源和门窗。

一切工作完成后,在会议工作交接本上记录本次会议接待中的相关事项(包括会务组、客人意见及内部交接注意事项)。

(八)阶段8 结账程序

会议结束后,服务员根据会议场租及其他收费标准,汇总后一起去收银台正确、清楚地打印出费用账单,要确保无误。

根据结算方式及结算内容,请会务组人员确认并签单。

确认所有结算得到保证。

任务三 酒店会议服务质量管理

一、酒店会议服务质量概念

服务质量作为一个术语很早就已经出现,然而在 20 世纪 70 年代中期以前,人们往往从内部效率的角度将其内涵界定为服务结果应符合规范。服务业的质量管理实践基本上援用基于制造业发展起来的质量管理理论与方法。20 世纪 70 年代,已有学者开始注意到服务与产品是不同的,并意识到服务质量有别于产品质量,如赛义尔(Saeesr)等人提出了服务质量不仅涉及结果,还包括服务交付过程的观点。泽丝曼尔(Zeithaml)则归纳出了顾客在评价产品与服务好坏时的不同点。不过当时对服务质量的概念及其属性并没有一个清晰的界定。对这一问题的突破,瑞典学者格罗路斯(Gronroos)作出了巨大的贡献。1982 年,他提出了顾客感知的服务质量概念,并明确了其构成要素,同时指出内部营销是创建企业质量文化的有效手段。他认为质量应是顾客感知的质量,是指顾客对服务期望与感知的服务绩效之间的比较。若感知的服务绩效大于服务期望,顾客感知的质量是良好的,反之则是低下的。顾客的期望由市场沟通、口碑、企业形象和顾客的需要所决定。服务质量包括技术质量和功能质量。同年,瑞典的莱赫蒂宁(Lehtinen)提出了结果质量和过程质量的概念,从此将服务质量与产品质量(只关心结果质量)从本质上区别开来。

酒店会议服务质量是指酒店提供的会议服务水平与会议服务接收者的服务期望(或服务标准)之间的差异程度。如果实际会议服务水平超过会议服务接收者的期望,服务质量就高;反之,服务质量则低。

二、酒店会议服务质量的内容

(一) 酒店会议服务接待能力

酒店会议服务接待能力与会议服务质量有着密切的联系,会议服务质量是通过会议接待能力来实现的。酒店会议服务接待能力的大小取决于酒店现有资源的多少,如会议设施设备、服务人员等。

酒店会议服务接待能力必须大于会议客户的服务需求,才能保证会议服务质量,否则会严重影响服务质量。具体如下:① 会议服务接待能力小于顾客需求时,现有客户在对各酒店会议产品进行比较选择时放弃该酒店,导致服务需求量减少,酒店会议服务质量下降。② 潜在客户会根据某酒店的会议服务质量的高低,继续或者重新选择会议举办场地,潜在客户的流失也是酒店会议服务质量较低的一种体现。③ 在服务接待能力不能达到客户需求时,酒店将考虑临时提高接待能力,这样容易造成顾客感知的服务质量下降。例如,酒店会议室空间不能容纳一定人数时,酒店会考虑缩小个人占用空间,造成场地拥挤。又如,酒店会议服务员工人数有限时,从外部大量引进兼职人员,而兼职人员工作经验和能力有限,很难达到顾客需求的服务标准。④ 当服务接待能力长时间不能达到服务需求时,酒店可能会选择减少技术含量较高的服务项目,使服务内容不断简化,进而提高服务接待能力,这也会导致会议服务质量的下降。

服务质量在一定程度上依赖于服务接待能力,而服务接待能力取决于服务需求,如果将三者分布于同一个坐标系中,横坐标用时间表示,纵坐标用成本来表示,则三者的关系如图2-3所示。

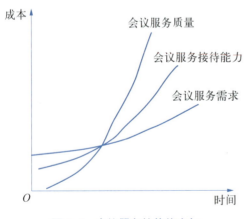

图2-3 会议服务接待能力与服务质量关系图

（二）酒店会议顾客满意

在一定程度上，服务质量等同于顾客满意，但是服务质量和顾客满意都可以从局部和整体两个角度进行分析。酒店作为服务性企业，在会议业务经营过程中，提高会议服务整体服务质量的前提必须是提高影响顾客满意的服务质量。

三、酒店会议服务质量特征

（一）即时性

由于服务的无形性，以及服务的生产和消费同时性，会议服务不可能像有形产品那样可以被储存起来，以备未来之需。这使得酒店会议服务质量的管理远比有形产品的质量管理要复杂得多。在有形产品消费中，客户只是使用和消费作为生产结果的产品。但是在会议服务消费过程中，客户不仅仅视会议服务过程为服务消费的有机组成部分，而且还会亲自参与会议服务的过程。有关会议服务质量的研究也表明，尽管会议服务结果是重要的，但是客户对会议服务过程的感知对于总的感知服务质量的评价也同样重要。

（二）异质性

由于服务基本上是由人表现出来的一系列行为，因而就没有两种服务会完全一致。会议服务的构成成分及其质量水平经常变化，所以很难统一界定。一方面，由于会议服务提供人员自身因素的影响，每时每刻都在发生变化，所以即使同一服务人员在不同时间提供的服务也很可能有不同的质量水平，而同样环境下不同服务人员提供的同一种服务的服务质量也有一定差别；另一方面，有时客户会直接参与会议服务的生产和消费过程，由于不同学识、素养、兴趣、需求等方面的差异客观存在，这也会直接影响到会议服务的质量和效果。同一顾客在不同时间消费相同质量的会议服务也会有不同的消费感受。

（三）酒店会议服务质量消费的统一性

酒店会议服务的质量和消费是同时进行的。有形产品的生产需要经过一系列的中间环节，客户一般是直接消费最终产品，对于产品的设计、生产和流通过程参与较少，因此有形产品的生产和消费过程具有非常明显的时间间隔。但是会议服务不同于有形产品，客户在酒店提供会议服务时就会参与进来，这也是消费的过程。

四、酒店会议服务模式与标准

(一) 酒店会议服务模式

酒店会议服务是指酒店在会议全过程中的服务与管理工作。酒店会议服务模式是指对前人经验的抽象和升华,各个学科和行业均有自己固定模式,但任何模式都是在不断发展和创新的。

(二) 酒店会议服务标准

酒店会议服务标准是以科学、技术和实践经验的综合成果为基础,经有关方面协商一致,由主管机构批准,以特定形式发布,作为共同遵守的准则和依据。

酒店会议服务作为一种高频且重复发生的酒店经营行为,非常有必要将其制度化、标准化。标准化的范围包括岗位职责和操作流程。

五、酒店会议服务质量差距与补救

(一) 酒店会议服务质量差距概念

SERVQUAL 理论是 20 世纪 80 年代末由美国市场营销学家帕拉休拉曼(A. Parasuraman)、泽丝曼尔(Zeithaml)和白瑞(Berry)依据全面质量管理(total quality management,TQM)理论在服务行业中提出的一种新的服务质量评价体系,其理论核心是"服务质量差距模型":服务质量取决于用户所感知的服务水平与用户所期望的服务水平之间的差别程度(因此又称为"期望-感知"模型),用户的期望是开展优质服务的先决条件,提供优质服务的关键就是要超过用户的期望值。其模型为:Servqual 分数=实际感受分数-期望分数。Servqual 将服务质量分为五个层面:有形设施、可靠性、响应性、保障性、情感投入。

通过酒店会议服务质量的定义,我们知道影响酒店会议服务质量好坏的两个主要因子是客户的"期望"和客户的"感知",即预期服务质量和感知服务质量。两个因子之间产生的差距,即为服务质量差距。其中,预期服务质量即顾客对酒店所提供会议服务预期的满意度。感知服务质量则是顾客对酒店提供的会议服务实际感知的水平。如果顾客对会议服务的感知水平符合或高于其预期水平,则顾客获得较高的满意度,从而认为酒店具有较高的服务质量,反之,则会认为酒店的服务质量较低。从这个角度看,服务质量是顾客的预期服务质量同其感知服务质量的比较。

预期服务质量是影响顾客对整体服务质量的感知的重要前提。如果预期质量过高,不切实际,则即使从某种客观意义上说他们所接受的服务水平是很高的,他们仍然会认为酒店的服务质量较低。

(二)酒店会议服务质量差距类型

酒店会议服务质量差距类型如图 2-4 所示。

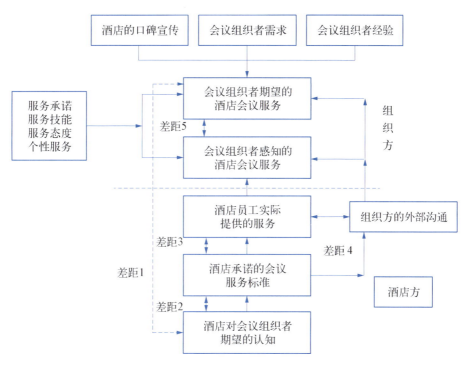

图 2-4　酒店会议服务质量差距类型

1. 会议组织者期望的酒店会议服务与酒店对会议组织者期望认知的差异(差距1)

酒店会议管理人员只有预先知道会议组织者对服务的期望是什么,才能为其量身定做会议服务要素,否则就会产生顾客失望,进而造成顾客流失。造成该差异的原因大多是酒店的会议管理人员凭借自身经验来简单推测客户期望与需求,而不是通过科学的市场调查。以企业会议市场为例,会议组织者的需求因会议性质的不同而有所不同,因公司的大小、知名度及实力状况也有所差异,由于市场商业活动处于动态中,会议组织者对酒店会议产品需求也在变动。因此,酒店在会议经营过程中应尽量做到充分的市场调研或其他科学的预测方法,尽量避免差距1的产生。

2. 酒店承诺的会议服务标准与酒店对会议组织者期望认知的差异(差距2)

由于酒店会议组织者的需求一直处于不断变化中,因此酒店的会议服务标准也应该随之而改变。但是目前一些酒店会议管理人员认为服务标准一般可以适用长时间的服务,这就造成了差距2的产生。因此,酒店会议管理人员应从以下三方面进行改进:① 管理层对服务质量要有充分认识;② 管理层要认真分析服务标准的可行性及科学性;③ 根据市场需求制定服务标准。

3. 酒店的会议服务标准与酒店员工实际提供的服务之间的差异(差距3)

该差距的产生常常是因为服务人员未严格执行服务标准。同时,由于会议服务过程是与顾客接触程度最高的一个阶段,酒店对该阶段临时产生的需求不能提前预测与估计,该阶段对服务人员的灵活操作具有强烈的依赖性,但是基层服务员工能力和权力有限,因此,此差距产生的可能性比较大。酒店需要从对员工合理授权、加强对员工的监督、提高员工服务意识和注重与员工及时沟通交流等方面避免差距3的产生。

4. 酒店员工实际提供的服务与企业的外部承诺之间的差距(差距4)

该差距主要是指酒店对会议组织者的服务承诺与会议组织者的实际感知服务不符。酒店的服务承诺主要包括广告宣传和合作协议承诺,是吸引会议组织者的重要因素。为保证会议服务质量,酒店不能夸大自身服务能力,否则在提高会议组织者的期望值的同时,也扩大了他们的失望值,最终造成顾客不满。例如,某家高星级酒店在其官网上宣传是专业会议组织者,提供一流的会议策划服务,但是社会口碑却远远比不上酒店的宣传。因此,酒店应保证宣传与实际相符。

(三) 酒店会议服务质量差距解决办法

1. 客户对酒店的期望与酒店对客户期望认知之间差距的解决方法

(1) 加大市场调查,了解客户需求

市场调查是了解客户需求的一个重要途径,通过市场调查的资料分析,可以了解客户真实服务需求,制定相对应的服务标准,提高服务水平。市场调查可以采取问卷调查、电话、访问等多种形式,最大限度地了解客户的意愿与需求。

(2) 搭建顺畅的沟通渠道,加强内部沟通

一线人员(客户经理、送货员、市管员、电访员)都直接为客户服务,面对面的服务与交流使得他们最清楚客户的想法及客户的需求。酒店可以通过顺畅的沟通渠道(员工之间的平行沟通、员工与领导的向上沟通),及时了解一线人员的信息反馈、工作建议等,以此不断完善和改进服务标准与内容。否则,市场信息在酒店内部因为没有集点而提前中断,导致客户的需求不能完整、有效地反馈至企业,会堵塞酒店收集市场信息的来源渠道,使酒店错失服务改进和创新的机会。

2. 酒店对客户的期望与服务质量标准之间差距的解决方法

(1) 任务标准化

酒店提供的每项服务不应是单纯的孤立行为,应包含系统的、标准化的服务过程。

既要有硬技术的支撑(硬件设置、科学技术)，又要有软技术(工作流程、方法)的保障。通过将任务标准化，可以缩小酒店对客户的期望与服务质量标准的差距。

(2) 服务质量标准设置准确

好的服务质量标准应当贴近客户期望水平。因此，服务质量标准设置必须具体、可行，能为全体员工所接受。在服务目标的设置过程中应让员工共同参与、论证，使服务人员能清晰理解企业传递的服务是什么、目的是什么，减少在执行服务过程中产生的偏离。

3. 服务质量标准与实际传递之间差距的解决方法

(1) 提高员工胜任力

酒店所承诺的服务，应该在每个员工身上得以完整体现，不能因为员工业务水平和素质的差异性而造成服务结果"打折"的现象。因此，一要加强培训，树立员工的责任心，培养服务意识；二要加强对员工市场知识、业务技能的培训，提高工作能力；三要加强员工行为和语言的指导，提高员工和客户沟通的技巧以及解决问题的能力。

(2) 完善服务监督控制体系

酒店应将服务客户的全过程进行监督。第一，对服务过程的各环节(销售、配送、客户关系)进行分解，将其中容易产生服务失误的环节进行分析，制定相应措施。通过不断的检查和改进，减少服务失误。第二，对服务人员的服务过程不定期地进行现场抽查，全面、真实地了解服务人员的服务水平。第三，将员工的服务结果考核纳入绩效中，使服务与工作绩效相挂钩，提升服务质量。

(3) 加强员工心理安抚

一线人员作为酒店与客户之间的桥梁与纽带，往往会因为酒店期望与客户要求之间的矛盾(如供需、货源分配、客户分类等)而显得无所适从，由此心情烦躁、情绪不稳定，造成工作抵触、工作效率低下、服务不到位的工作局面。因此，需加强对一线员工的心理安抚和疏导工作(开展心理健康教育培训、开展与员工谈心活动等)，消除员工思想不良情绪、缓解思想压力，营造员工的心理和谐。

4. 实际传递与客户感受之间差距的解决方法

(1) 加强员工相互交流

由于岗位职能、工作分工的不同，四大员实行的是单一竖向工作模式，具有一定的独立性，员工横向之间相互交流的机会与渠道并不多，在政策宣传中，容易出现不同的声音，造成客户感觉上的偏差。因此，应加大一线人员之间的沟通与交流(定期联席会议、业务知识共享)，打破部门边界，统一宣传口径，提高员工的协作性。

(2) 合理宣传

酒店在竞争中，为了吸引客户提升客户满意度，会为客户承诺过多的服务内容(标准化、个性化、差异化等)，但实际工作中，可能会因外界因素造成服务无法兑现，让客户感觉言过其实。因此，酒店在对外宣传与承诺中应按照实际、量力而行，不要夸大宣传、过度承诺，使客户对企业抱有过大的期望值。

5. 客户感受与客户期望之间差距的解决方法

第五种差距是从以上四种差距渐次产生的，缩小了以上四种差距，自然也就缩小了第五种差距。差距小了，客户感受的服务与期望的服务之间也就越贴近，服务质量的水平也就越高。

拓展与思考

时间管理在会展项目管理中的应用

在现代市场经济中，项目管理作为一种有效组织经营的方式被广泛应用在各个领域，会展行业也不例外。然而，由于市场规范相对不足、行业成熟度不高、人力资源匮乏等原因，目前国内的会展行业中的许多中小会展企业缺乏完善的展会管理体系，项目的管理也多以凭借个人经验来进行，缺乏科学依据，导致项目进展差强人意，甚至无法完成，这就必然会导致很多问题：成本飙升、隐患众多以及客户投诉等负面影响。因此，合理有效的时间管理体系在会展项目管理中占据着举足轻重的位置。

项目时间管理是指是为了确保项目最终能够按时保质完成的一系列管理过程的集合，包括六大过程：活动定义、活动排序、活动资源估算、活动持续时间估算、制定进度表、进度控制。会展项目具有生命周期性，这就要求我们在有限的时间内对会展项目进行有效的管理和安排，通过科学有效的时间管理，以提高展会的运作效率，降低风险和成本。

思考：
1. 在酒店会议服务过程中如何进行项目时间管理？
2. 除本章节给出的酒店会议管理理论之外，还可以应用哪些管理理论？

课后思考题

1. 酒店会议服务过程中，该如何应用项目管理？
2. 除本项目介绍之外，哪些管理理论还可以应用于酒店会展管理过程中？

项目三
会议品牌策划

学习目标

知识目标：了解会议品牌的概念与内涵，掌握会议品牌策划的理论。

技能目标：锻炼学生策划组织能力，尝试进行会议品牌策划。

思政目标：培养学生自主创新能力，强化品牌意识，建设中国会议品牌，从而树立文化自信。

基本概念

会议品牌　会议品牌定位　会议品牌形象　会议品牌传播

2021年4月18—21日，博鳌亚洲论坛2021年年会在海南博鳌通过线上线下结合的方式举行。博鳌亚洲论坛（Boao Forum For Asia，BFA）是一个非政府、非营利性、定期、定址的国际组织。论坛由菲律宾前总统拉莫斯、澳大利亚前总理霍克及日本前首相细川护熙于1998年倡议，并于2001年2月27日正式宣告成立。中国海南省琼海市博鳌镇为论坛总部的永久地所在，从2002年开始，论坛每年定期在博鳌召开年会。论坛得到亚洲各国普遍支持，赢得世界广泛关注。论坛目前已成为亚洲以及其他大洲有关国家政府、工商界和学术界领袖就亚洲以及全球重要事务进行对话的高层次平台。论坛致力于通过区域经济的进一步整合，推进亚洲国家实现共同发展。论坛的宗旨是立足亚洲，面向世界，促进和深化本地区内和本地区与世界其他地区间的经济交流、协调与合作。为政府、企业及专家学者等提供一个共商经济、社会、环境及其他相关问题的高层对话平台。博鳌二字，初读就有大气魄，细考亦名

得其势，当真不愧为"国际性论坛"之名。所谓博，广、大之意，在论坛中包含了"各抒己见""博众家观点之长"的理念，涉及经济、政治、环保、体育、人文等各方面。从汉字意义上来说，"博"为会意字；由"十"和"尃"组成。十为数之极，尃为"方寸范围内的甫草（奇花异草）"，引申为"分布"。组合到一起的"博"，实为"范围广，方面多"之意。博鳌亚洲论坛标识详见图3-1。博鳌亚洲论坛当今的使命是，为亚洲和世界发展凝聚正能量。博鳌亚洲论坛规模和影响不断扩大，为凝聚各方共识、深化区域合作、促进共同发展、解决亚洲和全球问题发挥了独特作用，成为连接中国和世界的重要桥梁，成为兼具亚洲特色和全球影响的国际交流平台。

图3-1 博鳌亚洲论坛标识

案例来源：https://www.boaoforum.org/。

思考：
1. 会议品牌有什么意义？
2. 会议品牌有哪些要素？

任务一 认识会议品牌

一、会议品牌的概念

什么是"品牌"？按照《现代汉语词典》的解释，"品牌"就是产品的牌子，并特指著名产品的牌子。于是，当会议项目作为一种服务产品而存在的时候，其"牌子"，即会议的名称和会议的标识就成为该会议项目的品牌。

会议品牌是指会议系统内某个会议的名称、标志、宣传口号等符号，有着较高知名度和美誉度，能够为企业创造经济利益，为参会商和参会观众创造功能利益和附加价值的产品属性、名称、价格、服务和文化、营销方式等的一种有机组合。

会议品牌有什么用？最初，会议品牌只是一个名称、名字、叫法、标志而已，用来指代该会议的全部活动。在连续开会多次，逐步形成一些"口碑""声誉"和"好印象"

之后，这个会议就可能成为具有一定"影响力的""著名的"品牌。这时品牌也就有了"价值"。因为，使用这个品牌能够使更多人认可其以往的业绩而信任它，并愿意来参加。①

二、会议品牌的内涵

根据卡普费尔（Jean-Noël Kapferer）的研究，会议品牌的内涵可以从六个方面来诠释，即会议品牌的属性、利益、价值、文化、个性和用户（表 3-1）。

表 3-1　会议品牌的内涵

内涵	说明
属性（attributes）	会议品牌产品区别于其他品牌产品的本质特征，如功能、质量、价格等
利益（benefits）	会议品牌产品因能帮助消费者解决问题而带来的实惠利益
价值（value）	会议产品为顾客提供的价值
文化（culture）	会议品牌所具有的文化内涵
个性（personality）	会议品牌所具有的人格特性
用户（user）	会议品牌现实地为哪种类型的消费者所购买和使用，亦即该品牌的目标消费者

对于一个品牌而言，内涵的六个要素——属性、利益、价值、文化、个性、用户，是紧密联系的统一体，同时又隶属于不同的层级。处于第一层次的"属性、利益、用户"是形成一个品牌的基础，一个品牌如果只具备这三个基本要素，我们称之为浅意品牌，同时具备了六大要素的品牌被称为深意品牌。"文化、个性"属于第二层次，它们是第一层次中三个基本要素的浓缩和提炼。品牌的某些属性或利益象征着一种文化，而品牌的用户诠释了品牌所代表的个性。处于第三层次的"价值"同时也是品牌六大要素的中心。品牌价值是一个品牌的精髓所在，是其成为深意品牌的关键。品牌价值是在浅意品牌基础上的升华，一个品牌最独一无二且最有价值的部分通常都会表现在核心价值上。譬如，博鳌亚洲论坛的"各抒己见""博众家观点之长"核心理念价值获得参会各方的认可。

---

① 陈泽炎.关于会议品牌的一些思考［J］.中国会展（中国会议），2018（12）.

任务二　会议品牌定位

一、会议品牌定位原理

在塑造会议品牌的过程中,把握经济发展形势和时代发展特点是十分重要的。会议品牌的塑造需要我们明确会议品牌的定位,了解到底是为了什么开会,希望通过会议品牌展现什么、表达什么。要基于当前社会发展的实际情况,塑造出能够体现时代发展特色、展现地区经济情况、迎合大众口味的特色会议品牌。为了促进会议品牌的长期发展,明确会议品牌的定位,要将品牌塑造与市场经济状况相结合,还需要考虑消费者的消费心理,保证品牌发展的与时俱进,结合新时代的发展特点,提升会议品牌的影响力,以促进品牌塑造的综合性、专业性以及可持续性。

会议品牌定位原理如图3-2所示。

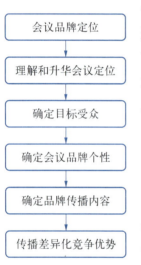

图3-2　会议品牌定位原理

(一) 会议品牌定位

品牌定位是企业在市场定位和产品定位的基础上,对特定的品牌在文化取向及个性差异上的商业性决策。品牌定位是建立一个与目标市场有关的品牌形象的过程和结果。换言之,即指为某个特定品牌确定一个适当的市场位置,使商品在消费者的心中占领一个特殊的位置。

(二) 理解和升华会议定位

品牌不同于产品,品牌是在产品的基础上对产品的升华,它在产品的基础上为产品附加了更多的价值意义和想象空间。通过解析品牌现状、产品优势和卖点,可以明确服务需求及事项,通过行业数据报告、数据软件和市场调研等,分析市场环境、竞争对手情况,结合产品优势做出品牌的成长分析,明确品牌的定位。会议品牌定位不能脱离会议定位而存在,会议品牌定位是在理解会议定位的基础上对会议定位的升华。

(三) 确定目标受众

品牌定位必须确定一个特定的目标受众。和会议定位不同,会议品牌定位的目标受众不仅仅是会议的目标参展商和观众,它还包括其他与会议相关的社团和群体。因此,会议品牌定位要积极考虑其目标受众的需求和期望,依据细分市场人群分析,找出精准的目标客户群体,通过对人群的分类圈出适合或潜在适合的消费群体,针对性定制以适应目标客户的客户体验及兴趣偏好。会议酒店就是以会议为主营业务的酒店,它具有住宿和会议功能,并具有大中型国际会议的接待能力。所以酒店以参加会展和国际性会议的人员为主,同时接待商务人士和旅游人士。这些人群主要以舒适、高档次的住宿环境为主要需求,所以高质量的服务是保住已有客源最主要的方法。

(四)确定会议品牌的个性

根据所经营的商品进行产品类目定位,通过对上述数据的分析梳理,找出空白细分市场,针对品牌故事、品牌调性、品牌标志和标语等信息做出设计。会议品牌定位不是对会议定位的简单重复,它是在会议定位的基础上赋予会议品牌自己的个性,这种个性就是品牌为会议附加的价值主张、意义和想象空间。品牌个性常比会议特征具有更好的系统脉络,它常常被整合成一套系统的概念体系,作为对会议名称、标志和标语的解释和补充。

(五)确定品牌传播的内容

品牌形象定位只有传播到其目标受众那里才能发挥作用,所以,确定品牌传播的内容和积极传播品牌形象是进行品牌定位时所必须要考虑的问题。无形的品牌定位必须通过一系列的有形展示才能更好地被其目标受众所接受。因此,会议名称、标志和标语以及色彩作为对会议品牌进行有形展示的主要载体,必须紧紧围绕会议品牌定位来设计,不能游离于会议品牌形象之外。

(六)传播差异化竞争优势

与有竞争关系的会议品牌展开竞争,是进行会议品牌定位的主要动机之一,如果不充分考虑市场竞争的需要,会议品牌定位就会失去执行的基础和价值。要通过深度的市场调研,结合当前行业发展趋势,将会议酒店的专业性和会议服务平台的便利性相融合,秉承为消费者提供更省心的服务理念,建立差异化的核心竞争优势。会议硬件设施完善是关键。未来,会议型酒店将越来越重视硬件设施,配置一定数量的分会场、足够大的注册区域、展览场地和其他公共区域、符合国际要求的张贴板,并以优惠的价格赢得市场。会议产业链分上游、中游、下游,而我国会议酒店目前仍然处于产业链的下游阶段,就是以简单的接待为主,提供场地服务,并未涉及会议策划的高端服务,所以收益有限。未来,会议型酒店将深度参与会议活动,创新产品,提供个性化高端服务。

任务三　会议品牌识别

一个好的品牌能养活一个企业数十年，甚至上百年。同样地，会议品牌也是一场会议赖以生存和发展的根本，它集中体现了人们对该会议的综合评价，参会者和观众往往以此为依据判断会议的质量和信誉。于是，参加"有牌子的"会议，就可以获得质量和信誉上的保证，免去后顾之忧和意外风险，给参会者和观众以心理上的安慰和信誉上的保证。于是，会议品牌成为决定会议"生命周期"的关键因素，也是会议实现产业化发展的必要前提。

市场营销学家们普遍认为：在当今竞争激烈的市场环境中，消费者购买的是商品，但选择的是形象，故有人把当今时代称为"形象时代"。"品牌会议"的概念就是把业内的知名品牌和实力企业集中起来，并设立一定的门槛，来凸显这些企业的品牌形象。唯有注重形象的建设，会议品牌才能走出"价格战"的困扰，在同类会议品牌中脱颖而出，迅速占据市场份额，并实现产业化发展。对于会议品牌而言，是要塑造会议的品牌形象，而对于展商而言，是要培养对会议品牌的识别能力，所谓"识别"实际上是从"认知"到"认识"的转变。会议品牌识别的"五力"模型是会议围绕品牌形象塑造，进行一系列会议经营活动的战略模型（图3-3）。我们把理念识别（MI）比作"脑"，行为识别（BI）比作"手"，视觉识别（VI）比作"脸"，听觉识别（AI）比作"口"，客户满意（CS）战略比作"心"，五力共同作用，缺一不可。品牌是有独特形象的、有个性的，是会议整体竞争力的体现，是会议有形形象

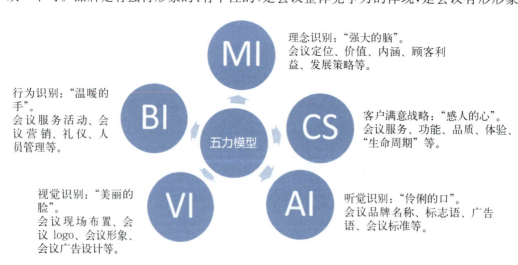

图3-3　会议品牌识别五力模型

和无形形象的统一。会议品牌形象的塑造不仅仅在于"视觉识别"和"行为识别",更重要的是"理念识别",再辅以"听觉识别"和"客户满意战略"。只有当会议品牌的经营理念贯彻于"视觉识别"和"行为识别",会议品牌形象的塑造才能有章可循,会议的理念和价值方可具象化传播。因此,在会议营销的整个战略体系中,会议品牌形象的塑造是其对自身的理念文化、行为方式、视听识别及客户关系管理(CRM)进行系统的革新,是一个帮助会议从创办宗旨、经营模式、营销策略、展品审核、公共关系、媒体推广、人员管理等各方面,进行全方位综合整治的系统工程,能为会议"活血换血",延长会议的"生命周期"。

一、理念识别

会议理念识别(MI)是会议办展理念的对外展示,它是进行会议 CI 策划的核心内容。所谓会议办展理念,是指包括会议定位、会议品牌形象定位、办展方式、会议价值、顾客利益、会议规范、会议发展战略等在内的有关会议办展的指导思想。会议理念识别对会议 CI 策划具有全局性的指导意义。会议定位能告诉目标参展商和观众会议"是什么"和"有什么";会议品牌定位除了强化会议定位外,还使目标参展商和观众认知到会议附加的价值、意义和想象空间;办展方式揭示了会议的办展原则;会议价值表明了会议的价值取向和价值大小;顾客利益告诉会议的目标参展商和观众会议能给他们带来哪些好处;会议规范则规定了办展单位、参展商和观众需要共同遵守的规章制度;会议发展战略则揭示了会议的发展办法和发展前景。由此可见,MI 的各个组成要素为会议的目标参展商和观众从不同的方面认知会议提供了极大的便利和帮助。会议的 MI 策划主要是确定会议理念的基本原则,它不同于会议定位、会议规范等具体执行方案,它是原则性的东西。因此,会议的 MI 常常用一段或几句精辟的总结性文字来表示。

二、行为识别

会议行为识别(BI)是会议办展行为的对外展示,主要包括会议服务活动、会议营销、会议礼仪、会议工作人员行为、会议现场相关活动等。会议为参展商和观众提供各种专业的会议信息、商务等服务,让参展商和观众真真切切地感受到会议的价值和顾客利益;会议的营销活动将会议的品牌形象传播到会议的目标参展商和观众;会议礼仪、会议工作人员的行为和会议现场相关活动等都有助于参展商和观众更好地认识会议。会议的 BI 策划是一些对会议行为富有指导意义的规则、目标和策略,并不是会议营销、会议相关活动等的具体执行方案。会议的 BI 策划是将会议 MI 策划的部分内容有形化而使会议的目标参展商和观众对该内容看得见、摸得着。会议 BI 策划作为 MI 的部分外化,必须秉承 MI 的统一性和个性化特征,与 MI 口径统一、步调一致。

三、视觉识别

会议视觉识别(VI)是指以某种目的为先导的,通过可视的艺术形式传达一些特定的信息到被传达对象,并且对被传达对象产生影响的过程。设计者想要表达的东西通过这些要素传递给每一个信息的接受者,而起到对外传播的作用。在视觉形象设计发展的历程中,从早期的平面视觉符号(如插图、文字、标志等)扩展与延伸,形成了更为丰富的视觉媒体传播形态(如电视、电影、展示等)。随着现代科技手段和媒体技术发展的日新月异,人们的视觉体验产生了革命性的变化。传媒形式的丰富带动了展示媒体在设计观念、表现方法上的创新。在会展传媒中,人们在有限的展示空间环境中获取企业大量信息,从规范统一的企业形象识别到直观化的企业体验,囊括了 VI 视觉识别、多媒体广告宣传展示、互动平台等诸多要素,在现代展示传媒的表达中,集合了各种平面设计元素和利用先进的现代科技手段、数码媒体设备进行展示编排,多层次和全方位的表现增强了展示空间的艺术性和视觉美感,也成为企业信息传达和信息交流的中间媒介。[①]

四、听觉识别

会议听觉识别(AI)是通过声音及以声音为主要传播手段的媒介来展示会议的一种方式。它主要包括会议的品牌名称、标识语、广告用语、标识音乐等,从听觉方面感染会议的目标参展商和观众,传播会议的品牌形象。在会议的 CI 策划中加入 AI 策划的内容,对于会议的目标参展商和观众更好地认知会议有很大的帮助。有关资料显示,人们对于通过视觉得到的信息的记忆,在 3 小时后只能记住 72%,3 天后只能记住 20%,但是,对于同样的信息,如果人们是通过视觉和听觉的结合来得到的,那么,在 3 小时后能记住 85%,3 天后还能记住 65%。所以不难看出,会议的 AI 对于强化人们对会议的印象有着怎样的作用。

五、客户满意战略

客户满意(CS)战略是一种新的营销管理战略。CS 战略的指导思想是,企业的全部经营活动都要从满足客户的需要出发,以提供满足客户需要的产品或服务为企业的责任

---

① 王丹谊. 会展式广告传播与品牌形象塑造[J]. 科技传播,2013,5(12).

和义务,以满足客户需要,使客户满意为企业的经营目的。CS战略强调以顾客为中心的价值观,打破了企业传统的市场占有率推销模式,建立起一种全新的客户满意营销导向。客户满意对企业来讲至关重要。良好的产品或服务,最大限度地使客户满意,成为企业在激烈竞争中独占市场、赢得优势的制胜法宝。只有让客户满意,他们才可能持续购买,成为忠诚客户,企业才能永远生存,财源滚滚。所以,客户满意是企业战胜竞争对手的最好手段,是企业取得长期成功的必要条件。可以说,没有什么其他的方法能像让客户满意一样在激烈的竞争中提供长期的、起决定作用的优势。

会议的MI、BI、VI和AI与CS是个有机整体,它们互相联系、互相影响,是在会议定位和会议品牌定位的基础上来设计和策划的,它们在内容上要统一,在形式上要协调,在色彩上要和谐。

拓展与思考

厦门国际会议中心酒店是2017年金砖国家领导人厦门会晤主场馆区,荣幸地承接金砖国家领导人厦门会晤元首欢迎晚宴以及金砖国家工商论坛、新兴市场国家与发展中国家对话会等多场次超高端宴会、双边、签约、会议及茶歇等贵宾级接待服务。向世界展示了中国印象、中国智慧和中国风采,诠释了"中国元素、福建文化、厦门特色",为国增光,向世界展现了厦门国际会议中心酒店温馨待客之道。

酒店雄踞厦门思明风光旖旎的环岛路,是高颜值生态花园之城东部新地标,由著名设计公司日本株式会社及美国HBA公司联合设计,整体宛若驰骋于浪卷涛飞的一艘巨型豪华邮轮。马路对面是高素质创新创业中央商务区汇聚地、领事馆区和厦门国际金融中心。经金砖之光夜景造光者设计,酒店灯光似海夜色如画,白鹭之城灿若星河,夜景外观十分靓丽抢眼,犹如一颗璀璨明珠。

酒店品牌标识将建筑设计的精髓融合于平面设计之中,以彰显其独特的建筑特色。从海上花园城市、全海景酒店之中提炼出"海"的元素,加上酒店建筑本身的"海岸邮轮"造型以及全海景会议商务休闲的定位,融合现代抽象的设计手法,简明直观地表现建筑的规模与特色,并用大海的色彩来渲染酒店的氛围,赋予其国际和现代气息(图3-4)。

图3-4 厦门国际会议中心酒店品牌标识

酒店拥有环岛路首排无遮挡一线豪华海景，与台湾大小金门岛隔海相距仅4 600米，直面海豚湾沙滩。65%以上客房面朝大海，在豪华海景客房独立的全海景观海露台可俯瞰迷人的大海，守候美丽浪漫的海上日出之约。酒店所在的会展区域是醉美厦门国际马拉松赛道发令起跑点；紧邻JFC和君尚等多个新兴豪华商圈，吃喝玩乐应有尽有；具有室内超大恒温、室外超开阔的蓝天白云景观游泳池，超大落地玻璃花园景观的300平方米健身房。顾客也可环绕国际会议中心酒店"忆金砖徒步行"拍照留念，或厦马滨海风光赛道上5千米或10千米或半马或全马路线轻松美丽跑。

作为备受青睐的福建大型会议目的地品牌酒店，厦门国际会议中心酒店坐拥彰显尊贵气派的金砖会晤国宴大厅，全厅无柱净挑高8米，面积逾2 400平方米，可同时容纳宴会1 500人，前廊区域面积高达1 600平方米。高科技的音响、同传、智能中控等系统为会议或宴会活动创造非凡体验。酒店与14万平方米的厦门国际会议中心相通相连，可共享容纳1 700余人的海峡厅等多达13间豪华大中小型会议场所，更与有768个座位的中国钢琴音乐厅和有1 497个座位的海派特色闽南大戏院相邻，可与京沪一线城市同步欣赏国际水平的文艺演出。2019年，酒店扩建了600平方米的金厦海景多功能厅。

国宴品质是酒店的金字招牌。国宴厨房是元首级安全保障高科技国宴厨房；国宴餐具是先生瓷元首级宴会餐具，具有时尚感和国际范；国宴佳肴是闽南特色厦门韵味，传承中华美食，彰显中国文化；国宴大厨是《舌尖上的中国3》荣耀上镜的豪华阵容国宴大厨；国宴服务人员是经90天超严专业训练的豪华阵容。得益于毗邻厦门国际会议中心和会展中心，酒店能够承接上万人规模的超大型外烩，持官方外卖证照，具有近20年外烩经验。雅轩中餐厅十余个私密精致包厢提供甄选的闽台菜和粤菜，可满足客人挑剔的味蕾。

酒店地理位置优越，交通非常便捷，距厦门高崎国际机场T4仅11千米、著名景点厦门大学、南普陀寺和沙坡尾15千米、网红打卡新景曾厝垵11千米、中山路步行街16千米、厦门火车站9千米、厦门北站25千米、厦鼓码头鼓浪屿登船点20千米。

温馨服务创造金砖品质鹭岛时光。欢迎体验静、美、雅、温馨并具中国文化特色的酒店服务。

厦门国际会议中心酒店USP独特卖点如下。

金砖核心：金砖国家领导人厦门会晤核心区。

超高颜值：高颜值生态花园之城东部新地标。

超高素质：高素质创新创业中央商务区汇聚。

金砖之光：灯光似海夜色如画灿若星河之城。
豪华海景：环岛路首排无遮挡一线豪华海景。
醉美厦马：厦门国际马拉松赛道发令起跑点。
新兴商圈：紧邻豪华商圈吃喝玩乐应有尽有。
鹭岛时光：温馨非凡创造金砖品质鹭岛时光。
国宴大厅：超尊贵超大超高金砖会晤国宴厅。
国宴厨房：元首级安全保障高科技国宴厨房。
国宴餐具：先生瓷元首宴会餐具时尚国际范。
国宴佳肴：闽南特色厦门韵味彰显中国气派。
国宴大厨：舌尖上的中国豪华阵容国宴大厨。
国宴服务：90天超严训练帅哥靓女豪华阵容。
万人外烩：持官方外卖证照二十年外烩经验。
非凡会展：毗连会展会商海精英展非凡景象。
案例来源：由厦门国际会议中心酒店提供案例。

思考：
厦门国际会议中心酒店的品牌形象是什么，如何更进一步识别品牌形象？

任务四　会议品牌传播

一、会议品牌传播媒体

（一）传播媒体的种类

会议品牌要借助于一定的媒体才能传播出去。可供会议品牌传播选择的媒体主要有五种：印刷媒体、广播电视、人员沟通、网络以及新媒体平台。

1. 印刷媒体

主要有报纸杂志、户外广告和办展单位用于直接邮寄的印刷宣传品。这些传播媒介的共同特点是以平面设计为主要表现形式，它们各有各的优势，也各有名次。

2. 广播电视

主要以视觉和听觉刺激为传播手段的媒介。

3. 人员沟通

主要有人员直接拜访、电话联系、营业推广、公关活动等。它具有极强的针对性和灵活性,但费用极昂贵。

4. 网络

主要通过互联网的形式,以专门网站展示和电子邮件传播的方式进行。其主要特点是交互性强,互动性好,并且信息发布门槛低。

5. 新媒体平台

主流新媒体平台有抖音、微信公众号、QQ、博客和论坛、今日头条、搜狐自媒体等。新媒体平台的人脉链传播改变了传统媒体的传播模式,把每一个粉丝都变成了传播的载体,粉丝既是观众,又是内容的传播者。这样的传播想象力可以无限放大,因为分享内容的粉丝通过人脉关系链的传播,可以在不增加任何成本的情况下,为平台获取到更多的粉丝,增加平台的影响力。

(二)传播媒体的优缺点

传播媒体在公共关系中有着特别重要的地位。可以说,传媒是各类组织用以处理公共关系的喉舌。传播媒体各有所长,但也各有缺点(表3-2)。

表3-2 不同传播媒体的优缺点

媒体	优点	缺点
报纸	时效性强,读者面广,灵活、及时,有一定的新闻性,可针对某一区域市场	寿命短,表现手法单调,费用较高,表现力较弱,重复出现率低
杂志	针对性强,寿命长,可以很好地复制,保存期长	不够灵活,时效性较差,受众面较窄,版面位置选择性差
广播	受众面广,传播速度快,时效性强,费用较低	表达手法单调,不易保存,只有听众才能得到信息
电视	表现力很强,覆盖面广,富有感染力	展示的时间短,对目标受众的选择性较小,比较昂贵
人员沟通	有极强的针对性和灵活性	费用昂贵
网络	有极强的表现力,可综合印刷媒体、广播电视的优势,综合利用平面设计技巧、文字功能、听觉和视觉效果来达到传播的目标	受互联网普及程度的制约,只有上网的人才可能看到它

(续表)

媒　体	优　点	缺　点
新媒体平台	新媒体具有很高的互动性和参与性，传播速度非常快，具有多样化的内容形式	信息过载问题比较严重，新媒体的匿名性和虚拟性也易产生不实信息的传播问题

二、会议品牌传播策略

（一）广告传播策略

对于会议品牌来说，广告可以巩固客户观众与品牌的关系，使他们变得更加忠诚。通过广告建立品牌忠诚度，原有的客户会带动吸引新的观众，从而创造出新的观众群体。广告可以将会议品牌的文化内涵明示出来，让消费者认同广告中为他们设计的文化感受，从而迅速认同品牌。广告效应是指广告作品通过广告媒体传播之后所产生的作用。从广告的性质来看，它是一种投入与产出的过程，最终的目的是促进和扩大其产品的销售，实现企业的盈利和发展。但是它本身就是一个复杂的过程，涉及许多具体的环节，只有在各个环节之间相互协调，才能确保它的有效性。

广告效应往往会运用媒体组合的立体传播效应。一是延伸性，各种媒体都有各自覆盖范围的局限性，假若将媒体组合运用则可以增加广告传播的广度，延伸广告覆盖范围，扩大产品知名度。二是重复效应，即听（看）的次数多了自然而然被洗脑，即增加广告接触次数，也就是增加广告传播深度。如脑白金的广告语是："今年过节不收礼，收礼就收脑白金。"通过在电视广告中循环播放，脑白金让大家都记住了这句简单直白的广告。三是互补效应，即以两种以上媒体来传播同一广告内容。对于同一受众来说，其广告效果是相辅相成、互相补充的。由于不同媒体各有利弊，因此组合运用能取长补短、相得益彰。如不少人吃完火锅后都会喝上一罐王老吉，因为"怕上火喝王老吉"这句广告语告诉消费者，喝王老吉有清热的功效，是吃火锅、烧烤的最佳搭档。该广告语生动诠释了王老吉的凉茶特色，虽然有夸张的成分，但是大众也都是能够接受的。如斑马AI课的传播，集合了冠名电视综艺节目、电梯广告、微信私域流量广告等各种形式。

（二）公共关系传播策略

公共关系传播是以大众传播媒介为主要手段，以人际传播为辅助手段，所以具有见效快、成本低的优势。会议企业良好形象的建立、会议品牌个性的塑造是会议品牌公共关系开展的核心追求，也是整合营销传播的核心追求。会议开展的公关活动有新闻发布会、会议形象宣传、公益活动、研讨活动、开幕式、招待会、邀请贵宾出席或名人发表支持言论等多种方式。不管是大是小,一个成功的展会一般都具有鲜明的主题,并通过会展的规格、色彩和诸多特征体现出独特而又令人印象深刻的魅力;同时,公关人员与大众之间的交流和沟通也需要保持真诚,并有条不紊地解决各种可能出现的事情。

(三)"全媒体策略+现场微信互动+营销转化引擎"三位立体服务体系

当下,伴随着互联网的发展,出现了全程媒体、全息媒体、全员媒体、全效媒体,信息无处不在、无所不及、无人不用……全媒体时代成为大趋势!企业和市场发展必须紧跟时代,大胆运用新技术、新机制、新模式,加快融合发展步伐,实现宣传效果的最大化和最优化。媒体,作为信息的重要载体,被人们广泛应用在各个环节中。"微信+"活动场景互动营销运营服务平台"微会动"在继续保持原有平台活动场景互动营销运营服务功能的基础上,顺应数字技术与媒体传播发展大趋势,全面升级平台服务体系,打造实现"全媒体策略+现场微信互动+营销转化引擎"三位立体服务体系,帮助会议会展活动在1~2个月内低成本地通过互联网信息技术快速实现流媒体数字化布局,让"线上+线下全域流量"利效性转化。网络媒体的营销能使营销和传播高度统一起来,并具有个性化和互动性的特点。会议品牌传播最常见的网络营销方式包括搜索引擎传播、短视频传播、平台传播、信息发布传播等。会议企业的网络营销以信息为导向,强化不同角色之间的关系。

(四)明星、互动效应的策略

明星效应是指名人在社会上有特别号召力的现象。在互联网时代,明星和口碑均是现代营销沟通理论中的关键元素。企业为了树立起自己的品牌形象,邀请当红明星来出席或代言自身产品,从而获得大众喜爱与支持来塑造良好的企业形象。在电商网站和社交媒体等互联网平台,通过明星效应引发网络口碑是企业在进行互动营销活动中的常用方法。互动效应也称耦合效应、联动效应,在群体心理学中,联动效应是指的人们把群体中两个或以上的个体通过相互作用而彼此影响,从而联合起来产生增力的现象。如美的、苏宁等生活电商平台在微博、微信等新媒体平台使用转发抽奖活动,增加新媒体平台互动影响力,扩散活动影响,由一传十,再由十传百,形成"病毒式"传播扩散。

课后思考题

在全媒体时代,酒店如何进行会议品牌的传播策略?

项目四
会议服务礼仪

 学习目标

知识目标：了解礼仪、服务礼仪及会议服务礼仪的内涵；熟悉会议服务人员的礼仪要求；掌握会议服务礼仪规范；了解签字仪式的准备工作。

技能目标：熟悉签字仪式的程序；掌握茶歇服务流程。

思政目标：了解中外文化习俗礼仪，融会贯通中华待客礼仪"以客为尊"，以及位次礼仪在国际会议中的应用。

 **基本概念**

服务礼仪　礼仪规范　签字仪式　茶歇礼仪

🔑 **案例导入**

金砖国家领导人第九次会晤于2017年9月4日在厦门国际会议中心举行。国家主席习近平主持会晤，时任南非总统祖马、时任巴西总统特梅尔、俄罗斯总统普京、印度总理莫迪出席。4日上午9时50分许，金砖国家领导人陆续抵达会场。习近平热情迎接并同他们一一握手寒暄，随后集体合影。在合影中金砖五国领导人从左至右分别是：巴西总统特梅尔、俄罗斯总统普京、习近平主席、南非总统祖马和印度总理莫迪。在随后举行的金砖国家领导人同工商理事会对话会上，五国领导人的座位次序也是如此排列。

思考：在峰会合影中，领导人站位有哪些礼宾次序讲究？

> **外交礼仪：合影位置取决于领导人在任时间**
>
> 国际会议合影的惯例是：以东道主为中心，以右为尊，按领导人的职务高低和任职时间长短来安排。峰会时一个不成文的外交礼仪原则是，合影时所站位置还取决于这位领导人在任时间长短。从文化习惯上看，"中国人合影喜欢站中间是毫无疑问的"，俄罗斯也是中间位置的"同好"，而加拿大则对站在哪里不太重视。"合影的位置安排一方面有外交利益的考虑，一方面也不能以中国的习惯过度解读这件事。"

任务一　会议服务礼仪内涵

一、礼仪及会议服务礼仪的内涵

（一）礼仪

礼仪是人们在社会交往活动中以建立和谐关系为目的的各种约定俗成的行为准则与规范，它包括礼貌、礼节、仪表、仪式等。礼仪是在人际交往中，以一定的约定俗成的程序方式来表现的律己敬人的过程，涉及穿着、交往、沟通、行为等内容。从个人修养的角度来看，礼仪可以说是一个人内在修养和素质的外在表现。对个体来说"不学礼，无以立"，礼仪是确认个人的言行在社会活动中与其身份、地位、社会角色是否相适应，衡量个人道德水准高低和教养的尺度。从交际的角度来看，礼仪是人际交往中适用的一种艺术、一种交际方式或交际方法，是人际交往中约定俗成的示人以尊重、友好的习惯做法。对组织而言，是塑造组织形象、传播沟通信息及提高办事效率的重要途径。

（二）会议服务礼仪

会议是组织实施管理的一种手段。会议服务礼仪是指会议厅、会议室的环境规范和布置规范，摆台规范，设备使用规范。在会议期间出于对客人的尊重与友好，在服务中要注重仪表、仪容、仪态和语言、操作的规范；要发自内心地热忱地向客人提供主动、周到的服务，从而表现出服务员良好风度与素养。会议服务礼仪是服务人员必备的素质和基本条件。

二、会议服务礼仪的特点

会议礼仪虽然与其他礼仪有着密切的联系,但它作为会议服务期间的行为规范,也有着自身的特性。

(一) 共同性

共同性是全社会的约定俗成,共同认可、普遍遵守的准则。礼仪代表一个国家、一个民族、一个地区的文化习俗特征,不少礼仪是全世界通用的,具有全人类的共同性。礼仪的共同性表明社会中的规范和准则,必须得到全社会的认同,才能在全社会中通用。

(二) 专业性

会议服务礼仪的专业性强,需要参与人员掌握足够多的会议知识,明确会议的性质、内容、职责要求、工作流程、服务标准,做到有的放矢,才能更好地服务于会议。

(三) 综合性

会议服务礼仪不仅要求服务人员了解政治、文化、心理、营销、礼仪等方面的知识,还必须掌握接待礼仪、会话艺术、餐饮文化、设备的使用等服务技能。

(四) 协调性

会议服务涉及的部门与环节很多,哪一方面都不能疏漏。只有各部门相互协调,共同配合,才能做好会议接待工作。

三、会议服务礼仪的作用

会议服务礼仪已经成为建立企业文化与现代企业制度的一个重要方面,它具有以下作用。

(一) 规范作用

会议服务礼仪是会议组织人员在整个会议过程中应遵循的行为规范,是约定俗成的一种美好自身、尊重他人的惯用形式。会议组织人员可以规范会务相关人员、与会人员的言行,减少矛盾与冲突,促使人际关系协调,提高工作效率,圆满完成会议活动。

(二) 协调作用

在会议活动中,如果与会人员能够自觉主动地遵守礼仪规范,按照礼仪规范要求自己,彼此之间就容易建立起信任关系,增进感情沟通,继而形成友善、良好的合作关系。反之,则会导致信任缺失、感情不和、沟通不畅,从而使合作关系受到影响甚至破裂。

(三) 宣传作用

在会议活动中,会议礼仪不仅能体现与会人员的良好素质与精神面貌,也能展示出组织单位的管理水平与文化氛围。组会单位与参会企业可以通过工作人员良好的仪表、优雅的言行举止,以及企业的礼仪活动向公众宣传企业的信誉与形象,以感召公众,使公众认同企业,产生信任与好感,提高企业在社会上的地位与声誉。

拓展与思考

礼仪的起源

礼仪作为一种文化现象,随着人类的产生而产生,它最早产生于原始社会人们对于无法解释的自然现象的崇拜中。远古时代,由于生产力水平极端低下,人类的生存环境极其恶劣,人们认识世界的能力有限,对许多自然现象无法做出科学的解释,便形成了对日月星辰、风雨雷电、山川丘陵、凶禽猛兽的崇拜。在崇拜中人们创造了神话,如中国的女娲补天以及大禹治水等。有了神话,便创造了祭神仪式,于是,以祭人、敬神为主要形式的礼仪产生了。

按照历史唯物主义的观点,礼仪是社会历史的产物,是人类脱离动物界并形成人类社会以后,在长期的生产实践中逐步形成的。大量的历史学材料证明,原始社会时期,同一氏族成员间在共同的聚集、狩猎、饮食生活中形成的习惯性的语言、表情、动作,是礼仪的萌芽。而不同氏族、部落间为沟通而使用的一些被普遍认同的语言、动作、表情,可以看成是礼仪的最初形态。随着社会分工的出现和生产力的发展,人们在社会生产中逐渐形成一些群体内部或群体之间应该如何和不应该如何的观念,一些反映等级权威的礼制和协调社会关系的礼俗逐渐产生。这些礼制和礼俗虽然是粗糙而且极不完善的,但是这种不成文的礼仪具有其自身的功能。人类随着阶级和国家的出现进入了文明时代,礼仪的相对完整的形态逐渐成熟,它是人类文明的标志和结晶,从而使人和动物、文明和愚昧区别开来。

任务二 会议服务礼仪规范

一、会议服务人员的礼仪要求

会议组织是服务行业重要业务,对从事服务行业的人员礼仪方面的要求,同样也适用于会务组织人员,主要体现在以下四个方面。

(一) 仪容仪表

仪容仪表是会议服务人员最基本的一项礼仪,它的具体要求是着装统一,佩戴统一发放的服务标签。如果是女性则不留披肩发,刘海不盖住眼睛,略施淡妆。无论男女在站姿和坐姿上都要符合礼仪规范。

(二) 语言

会议服务人员,在语言沟通方面有着严格的礼仪要求,规范的普通话,礼貌的服务用语,面对服务对象要主动去问好,在交流时语气尽量做到平和,忌有太大的音量起伏,让服务对象在心理上感受到亲切与热情。

(三) 服务态度

在会议服务的过程中要提高服务意识,以良好的服务态度应对不同类型的客人,尽可能满足服务对象的要求,避免与服务对象起冲突,提高耐心。

(四) 纪律卫生

纪律卫生是服务人员礼仪和自律能力的体现,作为会议服务人员一定要有纪律与礼仪规范意识,不迟到早退,工作时间认真不偷懒,定期检查个人卫生,衣着整洁,保持良好的个人形象。

二、会议的准备

任何会议都有办会者、会议主持者、发言者和聆听者四种人,不同的人在参加会议前都要有所准备。

(一) 办会者

很多情况下,企业或商务人员要亲自办会。所谓办会,就是从事会务工作,即负责从会议的筹备工作直至会议结束的一系列具体工作事宜。在会议筹备阶段主要有以下几方面的工作。

1. 建立组织

召开一个会议要有许多人参与组织和服务工作,这些人要有明确的分工,各负其责。建立各种小组,使他们在各组织的统一指挥下独立开展工作。一般由大会秘书处负责整个会议的组织协调工作,秘书处下设秘书组、总务组、保卫组等组织机构。秘书组负责会议的日程和人员安排,文件、简报、档案等文字性工作;总务组负责会议接待、食宿、交通、卫生、文艺和其他后勤工作;保卫组负责大会的安全保卫工作。根据会议规模的大小、性质,还可增设其他的小组。

2. 明确任务

全体工作人员应当明白会议的目的、要解决的问题,还要明确自己的工作任务及具体要求,尽心尽责做好工作。

3. 安排议程和议题

秘书处要在会议前把会议要讨论、研究、决定的议题收集整理出来,列出议程表提交领导确定。根据领导确定的议题安排日程,以保证会议有秩序地进行。

4. 确定与会人员

确定与会人员是一项很重要的工作,该到会的一定通知到。确定与会人员可以采用以下方法:① 查找有关档案资料;② 请人事部门提供资料;③ 征求各部门意见;④ 请示领导。大型会议还要对与会人员发出通知,便于分头讨论,组织活动。

5. 发出通知

名单确定后可向与会人员发出通知,便于分头讨论,组织活动。有时准备工作量大,而距离开会时间还远,可先发一个关于准备参加会议的预备通知。接近开会时再发正式通知。通知一般采用书面形式或电子形式,内容包括会议名称、开会目的、内容、与会人员准备带的东西、日程、期限、开会地点、报到日期、线路以及差旅费和与会人员应准备的资料。与会人员接到通知后,应反馈有关参会人员的信息,以便大会制证、排座、安排食宿等。

6. 会议签到

为掌握会议人数,严肃纪律,凡大型会议或重要会议通常要求与会人员在入场时签名报到。

7. 餐饮安排

举行较长时间的会议,一般根据与会者来自的区域和民族习惯安排食宿,注意尊重有特殊要求的与会人员的餐饮习惯。

8. 预算

根据参会人员的人数、时间以及会议其他耗费，编制会议预算，以确保会议的顺利召开。

（二）会议主持者

会议主持者是会议的总指挥，他在会议前所要做的主要是落实议程。议程是指会议进行时所应遵循的既定顺序，凡属较正式的会议，其议程大都在事先进行认真的讨论和拟定。一般情况下会议的主持人无权变更会议的议程，尤其是重要议程，无论遇到什么情况主持人都必须想方设法履行职责，以确保会议按照既定目标进行。因此，会议主持人必须熟悉议程，只有熟悉了议程，才能在会议进行时熟练地驾驭会议，并能应对一切突发性问题。一般正式会议的议程包括以下内容：宣布开会、全体起立、奏国歌、领导讲话（或作主题报告）、分组讨论，或进行大会发言、总结发言、宣布散会。此议程基本框架难以变动，但在具体环节上，主持人可根据情况和经验做随机调整。

（三）发言者

发言者是指在会议上演讲、报告、讲话的人，大会发言者要求如下。

1. 仪表整洁

发言者的仪表，往往会在其出场之时给听众留下深刻的印象，所以在发言之前，发言者需抽出时间，对其个人的仪表进行修饰。如头发梳理整齐、男士要剃去胡须、着装要干净、整洁大方。

2. 发言内容要周全

发言者在会上发言主要是阐明个人观点、见解。因此，发言内容即是听众关注的重点。准备发言稿时，要了解听众的思想状况、文化程度、职业特点和心理需求。发言稿要观点明确，中心突出，态度明朗，主张合理，层次清楚，逻辑缜密，以理服人。发言在给定的时间内进行，在充分发表个人见解的同时，还要尽可能地抓住听众的注意力，使听众听得清、印象深。要达到这样的效果，就要在发言稿准备好后，进行预讲演，邀请一些听众发表意见，多次修改演练，做到心中有数。

（四）聆听者

聆听者即听众。就会议的角色而言，听众一般并非主角，但是离开他们的自觉配合，会议也是很难取得成功的。听众在会前准备主要包括下面几点：

① 接到会议通知后,做好参会准备,安排好自己的工作、时间等。
② 要预备好必要的辅助工具,如纸、笔、录音机、计算机等。
③ 要仔细阅读会议下发的材料,了解会议情况,掌握会议宗旨。

参会者参加会议时,要按通知要求准时出席会议。参加本地举行的会议,一般应提前5分钟进会场,以便有一定的时间进行个人准备,如签到、领材料等;参加外地举行的会议,最好提前一天报到,熟悉会议环境和情况。

三、会议中应恪守的礼仪规范

(一)办会者的礼仪规范

1. 做好接待

会议举办期间,一般应安排专人在会场内负责迎送、引导、陪同与会人员。对与会的贵宾、老弱、病残、孕妇、少数民族人士、宗教人士、港澳台同胞、海外华人和外国人还需重点照顾,对与会者的正当要求应有求必应。

2. 现场服务

会上要安排专门的服务人员负责斟茶续水,或事前放置足够的饮用水,做到卫生方便。

3. 会议记录

凡是重要的会议,均应进行现场记录,其具体方式有笔记、录入、录音、录像等。可单用某种,也可交叉使用。由记录员做会议记录时,对会议名称、出席人数、时间地点、发言内容、讨论事项、临时动议和表决选举等基本内容力求做到完整、准确、清晰。

4. 编写简报

有些重要会议,在会议期间就要编写会议简报。编写会议简报的基本要求是"快""简""准"。"快"就是讲究时效性,在第一时间要将会议内容报道出来。"简"就是要求文字简练。"准"就是准确无误。

5. 处理材料

根据工作需要与有关保密制度的规定,在会议结束后应对与其有关的图文、声像材料进行细致的收集整理。该存档的存档,该销毁的销毁。

6. 协助返程

会议结束后,其主办单位一般应为外来参会者提供返程的便利。例如,为对方订购返程的机票、车票、船票,提供短途交通工具等。当团队或特殊与会者离开时,还要安排专人为其送行、帮助托运行李等。

(二)主持者的礼仪规范

1. 落实议程

主持者要按事先协商好的议程组织会议,努力确保会议按照既定议程进行。

2. 控制时间

主持者要认真掌控会议时间。一要掌握好起止时间。会议开始时要宣布会议时间,时间一经确定,与会者和会议工作人员就应遵守。二要限制发言时间。任何会议,每位发言者都要规定具体明确的发言时间,并通知本人。主持者在发言者发言之前最好再关照一下,限定时间长度,或者用技术手段提醒发言者。如果会议时间较长,一般应在会议中间安排一定时间休息,以供与会者活动手脚、处理私事。凡举行会议的时间超过 1.5 小时,就应在其间安排一次长约 15 分钟的休息,并在休息前宣布休息时间,确保下面会议的进行。

3. 掌控会场

主持者要善于掌控会场气氛。在会议进行期间,主持者掌握会场的能力大小,往往会影响到会议的成败。会议主持者要善于掌控会场气氛。一是要认真落实会议议程,在会议进行过程中要特别注意多看、多听,认真观察会议进行的情况和现场的情绪反应,及时地发现问题、解决问题。二是要善于调节气氛,主持者要根据现场情况采取一些措施,调节现场气氛,使会议保持良好的状态。一般嘉宾出席会议发言之前,要进行适当介绍,发言者发言结束后,主持者应领头鼓掌,以带动全场听众响应。

(三)发言者的礼仪规范

在会议上要做一名受人尊重或受人欢迎的发言者要注意以下几点。

1. 通俗易懂

要求发言的内容适合听众,语言简单明了,朴素具体;幽默诙谐、耐人寻味;通俗易懂,生动形象又富有哲理。

2. 情感真实

在发言时,要以自己的真情实感去感染听众、打动听众,让听众自发地产生心理共鸣。

3. 平等交流

在现场发言时要自谦自重,要有与听众平等交流的意识,要注意临场水平的发挥。发言人在上台发言时,循例要向主持人与其他听众欠身致意,并进行问候;在发言的整个过程中,语言、动作、表情都要尊重听众;发言结束时要道一声"谢谢"。

4. 宽待其他发言人

有时在会议上发言的人士,因见解不同,则会出现各执一词、针锋相对的情况。遇到他人的观点与自己的相左时,要善于求同存异,以理服人。发言时要对事不对人。

(四) 聆听者的礼仪规范

要开好会提高会议效率,既要靠会议主持人、组织者的积极努力和得力的措施,同时也要靠全体与会人员的自觉和认真态度。与会人员参会时应做到以下几点。

1. 保持安静

在会议进行期间,全体与会者都应当自觉维护会场秩序,保持会场安静,为发言人的讲话与聆听者的倾听创造一个良好的氛围。

2. 不要逃会

参加会议要有始有终,这是对组织者的起码尊重。有特殊原因需中途离去,要请假,必要时还需说明原因,并为此致歉。

3. 聚精会神

在会议期间,会议参加者都要聚精会神地聆听他人的发言,要认真汲取他人的精华,借鉴别人的演讲艺术。

4. 笔录要点

会议参加者有条件的都要尽可能地对他人的讲话要点进行笔录,以便会后学习传达,交流会议精神。

四、会议应注意的礼仪事项

工作中必不可少的事情,就是要组织会议、领导会议、参加会议。成功的会议是一种有效的社交手段。因此,会议中必须注意以下事项。

(一) 办会者应注意的事项

切忌为开会而开会。会议目标不明确,或无重要内容不要开会,只是为了完成开会任务,既消耗工作人员精力,又浪费财力。

切忌对会议期望过大。以为会议能解决一切问题,而对日常工作不做深入了解。

切忌办会人员在会场中高声讲话,致使发言人的思绪受到扰乱。

切忌会议形式贪大求洋。能利用现代通信设备进行召开的会议,则不集中召开大型会议。

切忌会议内容冗长繁杂。要围绕会议主题,删减那些可有可无的内容,一般性的内容可采用书面材料交流的形式。

切忌工作人员失职。会议开始后工作人员不见了,会议进行中的突发问题找不到人处理,影响办会单位和办会者的形象。

会议结束后,办会者要将会场收拾干净,物归原位,最后完成会议纪要。

(二) 主持者应注意的事项

未经会议主席团授权,主持人无权对会议的议程进行调整,如遇到特殊情况,发言人缺席、发言时间不够用、听众意见较大时,而主持人认为确有必要对议程进行临时调整时,最好及时征求会议主席团或负责人意见,不能自作主张。

主持者不要随便拖延开会与散会的时间,但是在限制发言者的发言时不可手法粗暴、态度恶劣。不要当众口头打断他人的发言,令其难以下台。主持者在主持过程中,不抢风头,尤其是不要在主持会议的过程中兴之所至,信口开河。

(三) 发言者应注意的事项

男性发言者在会议上出场亮相时忌不修边幅、蓬头垢面、异味扑鼻,也忌发言时戴帽子、手套、墨镜,或是穿风衣、披外衣。女性发言人在装饰上切勿过分抢眼、招摇,佩戴首饰时,不要给人以浮华、轻佻之感。

发言者的内容不要无的放矢,选择材料时不生编滥造,语言忌讳哗众取宠或晦涩枯燥,也不要一味煽情或言之无物。

发言者在发言时不使用任何对听众不尊重的语言、动作和表情。当发言者的观点与他人相左时,不要为了捍卫自己的观点,而同其他发言者言辞之间互不相让,甚至为此争吵,打断他人发言,或进行人身攻击。

发言时不要拖时间。即使会议对发言时间未作规定,也应长话短说,切勿让自己烦冗的发言遭人厌烦。

(四) 聆听者应注意的事项

参加任何会议,都不应该迟到或者缺席,即使自己位高权重,也绝不可以这么做。

在发言人或主持人讲话时,不允许有意起哄或是直接制造有碍的噪声。不应看与会议无关的资料,不应当在会场上使用手机等电子设备,不应当玩游戏、吃东西、喝饮料等。

当与发言者意见相左时,不应当随意打断发言人的发言,或是大声予以斥责、讨论、吹口哨、拍打桌椅、跺脚乱踢等,也不允许对发言者鼓倒掌,更不能马上退场、不辞而别。

不允许在会议期间心神不定、"魂游"会场之外,不允许开会时神不守舍、用心不专,或眼望窗外;不允许会议期间打瞌睡、伸懒腰、揉眼睛、挠头发等。

总之，很多会议是一种高度聚焦的场合，稍有不慎，便会严重损害自己或企业的形象。因此，所有与会人员都必须遵守基本的会议礼仪规范。

 拓展与思考

小李的公司应邀参加一个研讨会，该次研讨会邀请了很多商界知名人士以及新闻界人士参加。老总特别安排小李和他一道去参加，同时也让小李见识见识大场面。第二天早上小李睡过了头，等他赶到时会议已经进行了二十分钟。他急急忙忙推开了会议室的门，"吱"的一声脆响，他一下子成了会场上的焦点；刚坐下不到五分钟，肃静的会场上又响起了摇篮曲。是谁在播放音乐？原来是小李的手机响了！这下子，小李可成了全会场的明星……没过多久，听说小李已经另谋高就了。

思考：
在这种高度聚焦的场合，没有遵守会议礼仪，会给公司造成什么样的影响？又会给小李本人带来什么样的教训？

任务三　签字仪式礼仪服务

世界各国所举行的签字仪式都有比较严格的程序及礼节规范。根据签字仪式的基本礼仪和流程，可分为双边签字仪式与多边签字仪式两大类。

双边签字仪式通常指参加签字仪式的主体是甲乙双方，而参加多边签字仪式的主体则通常是两个以上的组织。无论哪种形式的签字仪式都要求简短、隆重、热烈、节俭。

一、准备工作

签字仪式的整个过程所需时间并不长，也不像举办宴会那样涉及多方面的工作，其程序较简单。但由于签字仪式涉及国与国、公司与公司之间的关系，而且往往是访谈、谈判成功的一个标志，有时甚至是历史转折的一个里程碑。因此，签字仪式也一定要认真筹办。

（一）参加签字仪式的人员确定

1. 签字人

签字人是代表一个国家、政府或企业进行签字的重要人员。所以签字人的选择十分关键。签字人应视文件性质由缔约各方确定，有由国家领导人签字的，也有由政府有关部门签字的。如不是国家级的项目，是地区之间、部门之间的协议，则由地区、部门负责人签字（一般是法人代表），但不管是哪一级，双方签字人的身份应大体相当。

2. 助签人

助签人的职能是洽谈有关签字仪式的细节并在签字仪式上帮助翻阅与传递文本、指示签字，双方的助签人由缔约双方共同商定。

3. 出席签字仪式的人员

出席签字仪式的人员应基本上是参加会谈或谈判的全体人员。如一方要求让某些未参加会谈或谈判的人员出席签字仪式，应事先取得对方的同意，另一方应予以认可。但应注意双方人数最好大体相等，不少国家与企业为了表示对签字仪式的重视，往往由更高级别或更多的领导人出席签字仪式。

（二）签字之前的筹备

1. 预备待签的合同文本

安排签字仪式，首先应是签字文本的准备。依照商界的习惯，在正式签署合同之前，应由举行签字仪式的主方负责准备待签合同的正式文本。

举行签字仪式，是一桩严肃而庄重的大事，因此不能将"半成品"交付其使用；或是临近签字时，有关各方还在为某些细节而纠缠不休。在决定正式签署合同时，就应当拟定合同的最终文本。它应当是正式的，不再进行任何更改的标准文本。

负责为签字仪式提供待签的合同文本的主方，应会同有关各方指定专人，共同负责合同的定稿、校对、印刷与装订。按常规，应为在合同上正式签字的有关各方，均提供一份待签的合同文本，必要时还可再向各方提供一份副本。

签署涉外商务合同时，比照国际惯例，待签的合同文本应同时使用有关各方法定的官方语言，或是使用国际上通行的英文。此外，亦可并用有关各方法定的官方语言与英文。使用外文撰写时，应反复推敲，字斟句酌，不要望文生义或不解其意而乱用词汇。待签的合同文本，应以精美的白纸印制而成，按大八开的规格装订成册，并以高档质料，如真皮、金属、软木等作为其封面。

2. 签字厅的布置

由于签字的种类不同，各国的风俗习惯不同，因而签字仪式的安排和签字厅的布置也不尽相同。签字厅有常设专用的,也有临时以会议厅、会客厅来代替的。布置它的总原则:庄重、整洁、清静。

按照仪式礼仪的规范,签字桌应当横放于室内。在其后,可摆放适量的座椅。签署双边性合同时,可放置两张座椅,供签字人就座;签署多边合同时,可以仅放一张座椅,供各方签字人签字时轮流就座;也可以为每位签字人都各自提供一张座椅。签字人在就座时,一般应当面对正门。

在签字桌上,循例应事先安放好待签的合同文本以及签字笔、吸墨器等签字时所用的文具。

与外商签署涉外商务合同时还需在签字桌上插放有关各方面的国旗。插放国旗时,在其位置与顺序上,必须按照礼宾序列而行。例如,签署双边性涉外商务合同时,有关各方面的国旗须插放在该方签字人座椅的正前方。

3. 签字桌

我国举行的签字仪式,通常是在签字厅内设置长方桌作为签字桌。桌面上覆盖深绿色的台呢。台呢色彩的选择,要考虑对方的习惯与忌讳。桌后放两把椅子,面对正门,主左客右,作为双方签字人的座位。座前桌上摆放各方保存的文本,文本前方分别放置签字用的用具,中间摆放一个旗架,悬挂签字双方的旗帜。主方国与客方国旗帜悬挂的方位是面对正门客右主左,即各方的国旗须插放在该方签字人座椅的正前方。另外,还要与对方商定助签人员的安排,以及安排双方助签人员洽谈有关细节。

4. 安排签字时的座次

在正式签署合同时,各方代表对于礼遇均非常在意,因而对于在签字仪式上最能体现礼遇高低的座次问题,应当认真对待。签字时各方代表的座次,是由主方代为先期排定的。合乎礼遇的做法是:在签署双边性合同时,应请客方签字人在签字桌右侧就座,主方签字人则应同时就座于签字桌左侧。双方各自的助签人,应分别站立于各自一方签字人的外侧,以便随时对签字人提供帮助。双方其他的随员,可以按照一定的顺序在己方签字人的正对面就座。也可以依照取位的高低,依次自左至右(客方)或是自右至左(主方)地列成一行,站立于己方签字人的身后。当一行站不完时,可以按照以上顺序并遵照"前高后低"的惯例,排成两行、三行或四行。原则上,双方随员人数,应大体上相近。

在签署多边性合同时,一般仅设一个签字椅。各方签字人签字时,须依照有关各方事先同意的先后顺序,依次上前签字。他们的助签人,应随之一同行动。在助签时,依"右高左低"的规矩,助签人应站立于签字人的左侧。与此同时,有关各方的随员,应按照一定的序列,面对签字桌就座或站立。签字仪式会场座次安排可如图4-1:

5. 规范签字人员的服饰

按照规定,签字人、助签人以及随员出席签字仪式应当穿着具有礼服性质的深色西

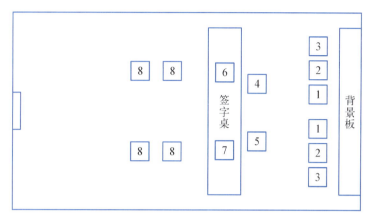

1、2、3. 分别为主方和客方证签人　4. 客方签字人座位
5. 主方签字人座位　6. 客方桌牌　7. 主方桌牌
8. 证签人及其他参加活动人员座位

图 4-1　签字仪式会场座次图

装套装、中山装套装或西装套装，并且配以白色衬衫与深色皮鞋。男士还必须系上单色领带，以示正规。

在签字仪式上露面的礼仪人员、接待人员，可以穿自己的工作制服，或是旗袍一类的礼仪性服装。

二、签字仪式的程序

签字过程是仪式的重点，它的时间不长，但程序规范、庄重而热烈。签字仪式的正式程序一共分为四项。

（一）签字仪式正式开始

双方参加签字仪式的人员步入签字厅。有关各方人员进入签字厅，在既定的位次上各就各位，即签字人入座。双方的助签人员分别站立于签字人员的外侧，协助翻揭文本及指明签字处。其他人员分主方、客方按身份顺序站立于后排：客方人员按身份由高到低从中向右边排，主方人员按身份高低由中向左边排。当一行站不完时，可以按照以上顺序并遵照"前高后低"的惯例，排成两行、三行或四行。

（二）签字人正式签署合同文本

通常的做法，是首先签署己方保存的合同文本，再接着签署他方保存的合同文本。商务礼仪规定：每个签字人在由己方保留的合同文本上签字时，按惯例应当名列首位。

因此，每个签字人均应首先签署己方保存的合同文本，然后再交由他方签字人签字。这一做法，在礼仪上称为"轮换制"。它的含义，通过轮流，使在位次排列上，有关各方均有机会居于首位一次，以显示机会均等，各方平等。

（三）签字人正式交换已经有关各方正式签署的合同文本

此时，各方签字人应热烈握手，互致祝贺，可以相互交换各自一方刚才使用过的签字笔，以示纪念。全场人员应鼓掌，表示祝贺。

（四）共饮香槟酒互相道贺

交换已签的合同文本后，有关人员，尤其是签字人们当场干上一杯香槟酒，这是国际上通行的用以增添喜庆色彩的做法。在一般情况下，商务合同在正式签署后，应提交有关方面进行公证，此后才正式生效。

三、签字的注意事项

签字文本应在会谈结束后，双方应由指定专人按谈判达成的协议做好待签文本的定稿、翻译、校对、印刷、装订、盖印等工作。文本一旦签字就具有法律效力，因此，对待文本的准备应当郑重严肃。

在准备文本的过程中，除了要核对谈判协议条件与文本的一致性以外，还要核对各种批件，主要是项目批件、许可证、设备分交文件、用汇证明、订货卡等是否完备，合同内容与批件内容是否相符等。审核文本必须对照原稿件，做到一字不漏，对审核中发现的问题，要及时互相通报，通过再谈判，达到谅解一致，并相应调整签约时间。

待签文本其规格一般为大八开，所用的纸张务必高档，印刷务必精美。作为主方应为文本的准备提供准确、周到、快速、精美的条件和服务。如有多个国家缔结条约，签字仪式上只需相应增添签字人员的座位、国旗、文具等用品。

任务四　茶歇礼仪服务

茶歇服务对于一般的会议，特别是公司或者组织高层会议是很重要的。茶歇的定义就是为会议期间休息兼气氛调节而设置的小型简易茶话会，当然提供的饮品可能不限于中国茶，点心也不限于是中国点心。

茶歇的准备包括点心要求、饮品要求、摆饰要求、服务及茶歇开放时间要求等，一般不同时段可以更换不同的饮品、点心组合。

一、茶歇的种类

茶歇分为中式与西式。中式茶歇的饮品包括矿泉水、开水、绿茶、花茶、红茶、奶茶、果茶、罐装饮料，点心一般是各类糕点、饼干、袋装食品、时令水果、花式果盘等。西式茶歇的饮品一般包括各式咖啡、矿泉水、罐装饮料、红茶、果茶、牛奶、果汁等，点心有蛋糕、各类甜品、糕点、水果、花式果盘。表 4-1 是一般会议茶歇的服务内容。

表 4-1 会议茶歇服务内容

服务品种	具 体 名 称
饮品类	矿泉水、绿茶、红茶、奶茶、牛奶、果汁、咖啡、鸡尾酒等
点心类	中西式糕点、甜品、饼干等
水果类	时令水果、花式果盘等

二、茶歇服务对象

茶歇服务对象有展会、会议、年会、公司聚会、团队餐生日派对、圣诞节派对、户外宴会、舞会、楼盘开盘、公司开幕、新闻发布会、新品发布会、签约仪式、大型赛事、车展、开业庆典、庆功宴会、周年庆典、结婚庆典等各类活动。

三、茶歇服务流程

（一）准备工作

看清宴会任务单的茶点的要求：会场名称、人数、茶点时间和次数及茶点品种，有无自带茶点。

根据相关要求准备好茶点物品：茶点碟、点心盘和水果盘、咖啡匙、奶盅、咖啡杯、咖啡糖、咖啡伴侣、咖啡杯底碟、足够的矿泉水、食物夹和相关装饰物、咖啡机、茶点台、食物叉、垃圾桶等，同时检查相关物品的卫生和是否有破损，要确保用具卫生和食品安全。

茶歇台布置应该提前（上午的应该前一天下班前布置好，下午的应该中午前）布置好。

(二) 出品和装盘

根据宴会任务单的出品时间和出品要求及出品份数将出品提前准备完毕。

为了确保茶歇上得及时,应该提前30分钟取得出品。安排好切或洗水果的人,注意把握时间,一般来说应该越提前准备越好。

上茶歇,专业的茶歇摆放能为其增值,因此茶歇的造型也很有讲究,茶点应装入专用盘中,摆放要求卫生、美观、简洁,注意色调搭配合理,错落有致,以获得良好的视觉效果,让客人体验超值的会议专家服务。

(三) 茶歇现场服务

首先是咖啡服务:咖啡机需要在茶歇开始20分钟前插电,在茶歇开始前3~5分钟前可以先磨出几杯咖啡(保持原味),以防排队等候,同时也体现超前服务和人性化服务。茶歇过程中应该注意以下几个方面:

其他茶歇品种一般来说都是客人自助为主,服务人员要做好台面清理工作,有客人要求帮忙拿取茶点时,应该主动热情。

及时清理垃圾桶和收好脏的茶歇用具。

防止闲杂人等来拿茶点,如发现要及时阻止并及时上报,以免客人投诉。

四、餐具送洗

将茶歇餐具分类(茶歇专用餐具和其他分开)送洗。茶歇服务中的餐具、酒具送洗流程如图4-2所示。

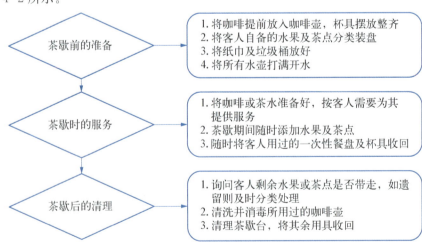

图 4-2 茶歇餐具、酒具送洗流程图

 **拓展与思考**

某集团公司的茶歇管理制度

为了营造良好的工作氛围,增进交流,调节工作节奏,创造身心健康,特制定本制度。

一、茶歇室地点

各办公点均有设立。

二、茶歇供应时间

周一至周五上午10:00至下午5:30。

三、茶歇管理部门

总裁办行政组对集团及子公司茶歇室进行统一规范管理,前台负责日常管理。

四、茶歇使用规范

(1) 保持茶歇室轻松、惬意的交流分享氛围,避免高声喧哗。

(2) 茶歇室内食物为全天常量供应,应注意食品卫生安全,食用水果、糕点时,应使用果盘盛装,食品夹取后应立即将盛装器皿关闭。

(3) 使用过的果盘应小心轻放至指定处,以便保洁人员及时清洗。

(4) 在茶歇室接待客人,应注意职业修养。

(5) 每次在茶歇室休息时间控制在10分钟以内。

(6) 爱惜茶歇室内各种设施,厉行节约。

(7) 违反茶歇管理制度的行为为不文明行为,依据《××员工行为督导制度》的有关条款给予处罚。

五、茶歇室卫生标准

(1) 茶歇室用餐许可时间为上午9:00之前(早餐)、中午12:00—13:30(午餐)、下午17:30(晚餐)之后。禁止其他时段内在茶歇室用餐。如在13:30—17:30时段内用餐,应有部门长或部门负责人确认原因。

(2) 用餐时应保持茶歇室桌面和地板整洁,用餐完毕应确保垃圾丢进垃圾箱(桶)内。

(3) 吧台和微波炉台禁止在非用餐时间放置个人物品。

(4) 洗刷水杯、餐具时应避免水流溅到墙壁或地上。禁止食物残渣或茶叶渣倒入水池中。

(5) 禁止将温热品放入冰柜;禁止空转微波炉;禁止将有特殊气味的东西放入

冰柜或微波炉中。

六、茶歇室违规处罚标准

(1) 茶歇室是展示企业理念的一扇文明之窗,员工应自觉维护和珍惜。

(2) 违反茶歇室规定的不文明行为按《员工行为规范监督制度》给予处罚。

课后思考题

1. 会议服务人员的礼仪要求有哪些?
2. 会议中主持礼仪的要求是什么?
3. 在签字礼仪服务中,签字时各方代表的座次最合乎礼遇的做法是怎样的?
4. 简述茶歇服务流程。
5. 论述会议服务礼仪的具体操作方法。

项目五
会前服务与管理

学习目标

知识目标：了解会议的分类及会议场所选择应考虑的因素；熟悉会议设施设备情况及会议场地布置的基本要求。

技能目标：掌握会议场所选择及开幕式布置的基本要求。

思政目标：具备会议策划与管理者基本服务意识和业务素质。

基本概念

会议　H5邀请函　会议型酒店　会议场地

案例导入

自2019年起，中国电影金鸡奖颁奖活动已在福建省厦门市连续举办四次。厦门借助金鸡百花电影节这张国家电影名片，电影产业发展迅速。目前已形成厦门影视拍摄基地、集美集影视文创园、联发·东南天地、理源·未来电影世界、耀达影视基地等各大影视产业园区。2022年11月，厦门海悦山庄酒店、厦门国际会议中心酒店作为中国金鸡百花电影节优质接待酒店，又一次迎来了金鸡百花电影节盛大开幕。此次电影节的主要活动安排为三天。电影节开幕式，11月10日下午，在佰翔五通酒店中国汇厅举办。金鸡奖提名者表彰仪式，11月11日晚上，以电影人沙龙形式在七尚酒店牡丹厅举办。金鸡百花电影艺术家走红毯仪式，11月12日闭幕式前，在厦门国际会展中心东广场举办。

金鸡奖颁奖典礼暨电影节闭幕式，11月12日晚上，在厦门海峡大剧院举办。11月11日上午，在海悦山庄酒店举办"2022中国（厦门）数字影视产业高峰论坛"；下午由中国影协同地举办第十三届中国电影科技论坛,作为高峰论坛组成部分。论坛围绕学习贯彻党的二十大精神,以"数影共生 融合赋能"主题,广邀业界嘉宾探讨交流、汇聚商机。论坛现场,55个影视产业项目举行了签约仪式,签约金额达155.2亿元,展现了厦门打造"电影之城""影视之都"的丰硕成果与良好机遇。厦门数字影视产业高峰论坛是金鸡百花电影节的重要日程活动,通过论坛交流合作,促使中国数字电影产业迎来新机遇新发展。

案例来源:https://www.163.com/dy/article/HLRDK7M40514RIFS.html。

思考:
电影节相关活动及高峰论坛活动场地的选择主要考虑的因素有哪些?

任务一　会议场所的选择

一、会议的分类

(一) 以会议的主办方划分

根据会议的主办方单位类型,一般将会议分为:公司企业主办的会议,如公司年会、企业例会、企业内部的培训会、销售会议等;行业协会学会主办的会议,如行业技术发展研讨会、学术论坛等;政府机构主办的会议,如"98厦门国际投资洽谈会"、中央工作会议、各级政府组织的政务工作会议;展览中配套的各类专题性会议,如青年企业家论坛、圆桌会议、对话交流会,主要是根据展览的主题而确立,以论坛和分论坛、专题研讨会、新闻发布会等形式在展览期间举办,是展览的一项重要服务内容;专业机构举办的会议,一般属于中小型会议,不定期或定期举办,以解决机构内的相关问题或实现机构目标而举办,有的也服务于机构的推广和宣传(图5-1)。

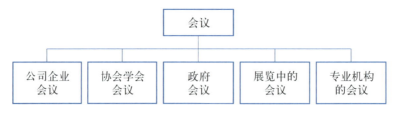

图5-1　会议类型划分图

(二) 以会议的内容划分

1. 专业研讨会

专业研讨会是研究行业发展动态为主要内容的会议,最主要的目标是为听众拓展思路,启迪思维,开阔视野,加深对行业发展现状、发展特点和发展趋势的了解。会议的主要演讲人往往是一些科研机构、大专院校和专业期刊的有关专家以及来自企业的管理人员。专业研讨会听众的范围很广,可以是企业管理和技术人员、一般工作人员,也可以是来自各种科研机构、大专院校和专业期刊的有关人员。涉及的议题较为抽象,不需要太多的设备和演示。比如,2009年上海国际汽车展高峰论坛主题为"国际金融危机下的汽车业发展机遇与挑战"。

2. 技术交流会

技术交流会是以技术的传播和交流为主要内容的会议。主要目标是促进技术的交流和传播。会议的主要演讲人往往来自企业技术部门以及科学研究机构、大专院校的有关技术人员。听众的范围较窄,基本上是一些负责技术方面的人员,也有一小部分的企业管理人员。涉及的议题基本都与技术有关,需要较多的设备以供使用,需要更多的操作示范和技术演示。比如,2022年由工业和信息化部和陕西省人民政府共同主办,以"技术创新绿色发展合作开放共享共赢"为主题的第十一届亚太经合组织(APEC)中小企业技术交流暨展览会就是以促进中小企业技术交流为主要目标的展会。

3. 行业会议

一般是由行业协会或者政府主管部门组织举办,行业协会会员或者该行业有关企业参加的会议。国际会议协会将行业会议分为三类:科技会议、商贸会议和会员会议。科技会议以技术推广、科技交流与合作为主要目的,商贸会议以传播商业和贸易信息、研讨行业贸易问题为主要目的,而会员会议主要由行业协会会员参加,旨在促进会员之间的项目了解与合作。行业会议常由行业协会或政府主管部门策划和主办,其主题具有前瞻性、总结性,有较强的行业号召力,并与展会主题相统一。讨论的问题所得出的结论带有政策指导倾向,会被有关部门作为解决某些问题的政策依据。

4. 产品发布会

产品发布会是以发布新产品或者有关新产品信息为主要内容的会议活动。可采取新闻发布会、记者招待会、情况通报会、记者通气会、政策说明会、技术推介会以及成果发布会等形式,一般听众是新闻记者、产品设计等技术人员和企业管理人员。产品发布会通常由发布新产品的企业或行业协会来策划和实施,展会主办方起到穿针引线、提供展示平台和现场管理与服务的作用。

5. 产品推介会

产品推介会的主要目的是向市场推介一种或几种正在市场上出售的、可以大批量生产的产品。一般采用用户座谈会、经销商会议等形式,并伴以现场演示和示范等手段,观众通常是产品的经销商和采购商、媒体等专业人士。

(三) 以会议参会人数划分

国际上会议规模一般按人数划分,5～100 人为小型会议,100～500 人为中型会议,500～1 000 人为大型会议,1 000 人以上为超大型会议。会议主办方、承办方需根据会议策划的预计到会人数选择合适的会议场地,确保会议顺利进行。

二、会议酒店的分类

(一) 商务度假型酒店

商务度假型酒店大多位于交通便利的会议中心或会展中心附近,以会展公司、社会培训机构、企事业单位及旅游公司等单位作为主要目标客源市场,依托自身专业、完善的会议中心场地和设施设备及会议服务优势为客户提供专业的会议策划及现场服务。它具有三个鲜明特征:一是地理位置优越。商务度假型酒店处于城市的商务核心区,便于商务人士出行。商务度假酒店无论在外部设计,还是在内部装修,以及可提供的先进通信工具,适合会务会议场地及商用商务楼层或行政套房,一般都充分体现了各类型会议高效、快捷、专业的服务特色。商务度假酒店一般有一个或多个大型会议场地(多功能厅),既能接待小型会议,也能接待大型会议,24 小时全天候办公,配备专业的会议服务设施和商务中心功能。酒店内部有多个中、西式餐厅,以及高端购物商店、健身房、游泳池、斯诺克、高尔夫球场等休闲娱乐设施,能充分满足商务客人的办公及度假等各种需求(图 5-2)。

(二) 会议型酒店

会议型酒店主要是指那些能够独立举办会议的酒店。业界普遍认为该类型的酒店以接待会议为主要业务和收入来源。会议接待的收入至少应该占到会议型酒店主营收入 50% 以上的酒店,才能被称为会议型酒店。会议型酒店会议室数量多配套设施齐全、服务专业;针对会议市场客户采取规模化低价优惠策略。一般公司和行业协会、政府的年会及相关产品发布会、推介会及各类大型的论坛、活动主办方都会选择在会议功能较完善,服务专业化的会议型酒店举办。例如,2017 年金砖国家领导人会晤主办方就选择在交通便利、周边风景秀丽环境优美、高端会议接待经验丰富的厦门国际会议中心酒店举办(图 5-3)。

图5-2 高端商务度假酒店

图5-3 会议型酒店(厦门国际会议中心酒店)

会议型酒店按照其所处的区位来分,可以分为三类。

1. 市区会议型

该类会议型酒店一般位于市中心的黄金地带,拥有较为稳定的短期会议市场。

2. 城郊度假会议型

该类酒店与第一类酒店相比,虽然交通距离拉长了,但是其会议规模化和专业化的服务,以及相对低廉的价格,对于有度假需求的中长期和大中型会议有很强的吸引力。

3. 旅游区会议型

该类酒店一般位于旅游资源禀赋突出、旅游发展成熟的国家级旅游区,如亚龙湾、博鳌、丽江古城等。这类会议酒店的吸引半径较大,能吸引到全国范围的公司会议团体、政府公款消费以及团体奖励旅游的客户。

三、会议类型与场所的选择

（一）不同的会议类型与场所的选择

举办培训活动的最佳环境,是能提供专门工作人员、专门设施的成人教育场所。如公司的专业培训中心、旅游胜地的培训点等。

研究和开发会议需要有利于安静且利于思考交流的会议环境,远离闹市区度假型酒店的会议室、多功能厅最为合适。

学会、年会地点的选择,一般根据会员的意见来定。一般选在当前最受欢迎的旅游城市及能提供优质会议服务的酒店。

重大的奖励、表彰型会议,会议场所则要求能具备较高的档次,以体现会议的隆重、庄严气氛。

交易会和新产品展示会,需要选择有展厅的场所,要求到达会场即所在城市的交通便捷畅通。该类会议对会议场地具备展览功能的要求较高。

（二）会议场所选择需考虑的因素

1. 品位与风格

会议场所可以选择户外,也可以选择室内,但以室内为常见。非正式会议,或以沟通感情、交流信息为主的会议,可以选择在旅游胜地或度假村等地召开。会议场所的定位的不同,其装饰风格也各有差异,选择会议场所的风格要注意与会议的内容相统一。

2. 实用性与经济性

议厅的个数、能容纳的人数、主席台的大小、投影设备、电源、布景、移动麦克风、远程麦克风等相关服务的品质以及住宿、酒品、食物、饮料的质量、价钱是否合理等,都要秉着实用和经济的原则予以考虑。

3. 方便性与便捷性

主要考虑机场、火车站与会议地点的距离;交通是否便利;停车是否方便;观光购物、旅游出行是否方便等因素。

四、会议邀请函

会议邀请函的基本内容与会议通知一致,包括会议的背景、目的和名称、主办单位和组织机构、会议内容和形式、参加对象、会议的时间和地点、联络方式以及其他需要说明的事项。具体的内容、结构与写法如下：

（一）标题

由会议名称和"邀请函（书）"组成，一般可不写主办机关名称和"关于举办"的字样，如：2008年×××届全国×××××学术研讨会议邀请函。"邀请函"三字是完整的文种名称，与公文中的"函"是两种不同的文种，因此不宜拆开写成"关于邀请出席××会议的函"。

（二）称呼

邀请函的发送对象有以下三种情况。

发送到单位的邀请函，应当写单位名称。由于邀请函是一种礼仪性文书，称呼中要用全称的写法，不宜用简称（统称），以示礼貌和尊重。

邀请函直接发给个人的，应当写个人姓名，前冠"尊敬的"敬语词，后缀"先生""女士""同志"等。

网上或报刊上公开发布的邀请函，由于对象不确定，可省略称呼，或以"女士/先生"同时显示在邀请函的抬头位置。

（三）正文

正文应逐项载明具体内容，也可以作为附件附在邀请函后面。如果写在正文里面，一般要写明举办会议的背景和目的，用"特邀请您出席（列席）"照应称呼，再用过渡句转入下文；主体部分可采用序号加小标题的形式写明具体事项；最后写明联系信息和联络方式。结尾处也可写"此致"，再换行顶格写"敬礼"，亦可省略。

（四）落款

因邀请函的标题一般不标注主办单位名称，因此落款处应当署主办单位名称并盖章，也可以再附上主办方相关责任人的（电子）签名。例如，博鳌亚洲论坛官方电子邀请函即附有大会秘书处秘书长的电子签名，体现了正式信函的礼仪。

（五）发布时间

写明具体的邀请函正式发布的年、月、日。

网络技术便利的时代，各类会议软件、商务办公软件和会议信息系统均能辅助完成灵活多样便于线上发布的H5电子邀请函（图5-4、图5-5）。

图 5-4　电子邀请函会议内容制作页面样例

图 5-5　电子邀请函会议流程制作页面样例

任务二　会议设施设备概况

一、常见的会议设施设备

会议的附属性布置包括会场的音响、录音、录像设备筹备与安放,照明、通信、卫生设施(设备)等的布置等。

屏幕放置:安放屏幕的位置、角度要合适,使演讲人头不用离开讲桌上的麦克风便能看见屏幕。屏幕的大小取决于房间的高度。屏幕底部距离地面应该不少于1.22 米。对于条件允许的会场,最好在每个与会人员的座位上放置一个小型 LED 显示屏。

放映机的种类:目前投影仪的投影效果图像清晰、真实,但这种放映机一般放在会议室离观众较近的地方。幕后投影仪放置于屏幕后面,从会议室的座位上是看不见的,虽然图像不如幕前投影仪清楚,但能使会议室显得更整洁。

音响:必须保证所有参会人员都能听清楚。

在会场布置中,还要布置好保卫力量,做好保卫人员的安排工作,制定安全保卫措施和防范办法。对可能出现的突发性事故,也应有所考虑,并准备好多套应变(急)对策。同时,大型会议还应安排好人员与车辆进场、退场的路线。

二、会议视听设备类型及使用

目前,几乎所有类型的会议都会使用一定的视听设备来辅助现场发言、促进会议进程、进行娱乐活动等。音响手段与视觉手段可以分开单独使用,也可以合在一起使用。人们所说的视听手段是二者的统称,没有具体的区别。

(一) 会议中常用的视听设备类型

会议中常用的视听设备类型主要有:会议表决系统、同声传译系统、发言讨论系统以及会议显示系统。

1. 会议表决系统

会议表决系统主要包括中央控制器、代表讨论机、主席讨论机等设备,它主要用于各类记名和无记名投票、表决、会议讨论等活动,以准确、专业、高效的方式展示投票结果,提高会议讨论的效率。

2. 同声传译系统

同声传译系统由传声器设备(系统)、译音员设备、语言分配系统及有关控制设备所组成,能完成语言的翻译、传输和分配、收听的会议系统,也是当今世界流行的一种翻译方式,在一些高层次国际性会议中,该系统被广泛应用。

同声传译系统由传声器设备组成,传声器设备与我们平时所讲的话筒(或麦克风)相比,没有实质性的区别,只是在话筒的基础上增加了一块具有升降、指示、控制等功能的控制输出设备,常称之为话筒座。传声器系统与中央处理设备即控制中心相连。收听系统和扬声器系统是传译系统的终端,直接作用于用户或听众,一般由耳机(耳塞)、扬声器组成。前者针对用户个体,后者针对整体,用于主场扩声。耳机可几乎完全消除外界噪声干扰。有的耳机上装有音量控制钮。译员的收听耳机往往在控制盒上装有音量调节器。

3. 发言讨论系统

发言讨论系统是整个会议室的最基本的需求,也是最核心的设施设备。因为对整个会议而言,最基本的功能就是讨论发言。发言讨论系统从简单的"话筒+扬声器"模式的讨论功能,根据人们的实际需求,经过不断发展和完善,已经实现了现代的同声传译、无线旁听、电子投票表决、摄像跟踪等会议功能,同时结合音视频设备、中央控制系统设备,成为现代化的多功能系统。发言讨论系统实现了与会者的各种发言讨论功能,会议的主持者可以自由地控制整个会议的发言讨论过程(图5-6)。

图 5-6　酒店会议室的会议发言系统

4. 显示系统

显示系统是会议室的功能扩展的关键。随着会议系统的功能不断完善,会议不再仅具有听、说的交流作用,而是通过各种的视频设备(多媒体投影机、幻灯机、投影仪、投影屏幕、接口单元、录像机、电视机、数据监视器、电视墙、灯光设备、摄像机、音响设备、办公设备、音频视频会议系统和其他设备等,见图 5-7)进行信息交流,大大增强了会议信息量,同时适应了现代会议室的需要。

图 5-7　2022 年金砖国家政党、智库和民间社会组织论坛视频会议现场显示设备

任务三　会议场地布置

一、会议场地布置的基本要求

庄重、朴素、大方、适宜是会议场地布置的基本要求。要保证会议的质量，会议场地整体布置中具体要做到：

① 体现会议的主题和气氛，同时还要考虑会议的性质、规格、规模等因素。

② 会场的整体格局要根据会议的性质和形式创造出和谐的氛围。

③ 大中型会议要保证一个绝对的中心，因此多采用半圆形、大小方形的形式，以突出主持人和发言人。大中型会场还要注意进、退场的方便。

④ 小型会场要注意集中和方便。

二、会场布置的形式与内容

不同类型的会议，会场布置的要求形式不同。会场布置的内容，主要包括会场布置形式的确定、主席台布置、环境及装饰布置，以及视听设备等相关附属设施布置等。

（一）会场布置形式

会场的形式有多种，具体形式的选择由会议的性质、规模来决定。常见的会场类型有会堂型、教室型、圆桌型、围坐型等。各种代表大会和其他大型、特大型会议常采用会堂型，这样显得隆重、热烈、庄严且主次分明。会场布置的形式整体上大致分为五种：课桌式、礼堂式、全围式、半围式、分散式。

1. 课桌式

课桌式会场布置形式，一般安排在座位不固定的会议厅内，是仿照一般教室的座椅摆放方式来布置会场的。会场内的桌椅可以摆放成"V"形，也可以摆放成"而"字形，还可以摆放成倒"山"字形。主席台摆放方式根据桌子大小、房间面积、与会者人数等有所不同。其优点在于灵活性强，会场的布置格局可以针对不同的房间面积和与会者人数做具体安排，可以最大限度地利用会场面积，有利于与会人员的注意力集中。课桌式会议场地布置气氛相对严肃，适合中小型会议的研讨、论坛、培训及新闻发布会（图5-8）。

图 5-8　博鳌亚洲论坛 2019 年年会新闻发布会一字形主席台会场布置

2. 礼堂式

礼堂式的会场布置是面向会场前方摆放一排排座椅,中间留有较宽的通道。这种布置形式的优点是场面开阔,较有气势,而且在留有过道的情况下能最大限度地摆放座椅,但是其缺点是与会者没有地方放资料,一般没有桌子记笔记,适合大型会议开幕式、学术论坛及各类大型活动的举办现场(图 5-9)。

图 5-9　礼堂式会议场地布置

3. 全围式

全围式会场布置形式的主要特征是不设专门的主席台，会议的领导和主持人同其他与会者围坐在一起。这种布置形式的优点是，容易形成融洽与合作的气氛，体现平等和相互尊重的精神，有助于与会者之间相互熟悉、理解和不拘形式地发言与插话，使与会者畅所欲言，充分交流思想、沟通情况。同时，也便于会议主持者细致观察每位与会者的意向、表情，及时准确地把握与会者的心理状态，从而保证会议取得成果。全围式格局适用于召开小型和特小型会议，以及座谈性、协商性等类型的会议。全围式又可以分为圆形、椭圆形、多边形、方形等（图 5-10、图 5-12）。

图 5-10　全围式会议场地布置

4. 半围式

半围式布置形式介于相对式和全围式之间，即在主席台的正面和两侧安排代表席，形成半围的现状，既突出了主席台的地位，又增加了融洽的气氛。该布置形式适用于中小型的商务工作会议等。半围式则又可分为马蹄形、桥形等（图 5-11、图 5-12）。

5. 分散式

分散式会场布置形式是，将会场分成若干个中心，每个中心设一桌席，与会者根据一定的规则安排就座，其中领导人和会议主席就座的桌席称作"主桌"。这种座位格局既在一定程度上突出了主桌的地位和作用，又给与会者提供了多个谈话、交流的中心，使会议气氛更为轻松、和谐。但是这种会场座位格局，要求会议主持人具有较强的组织和控制会议的能力。该布置形式适合召开规模较大的会议类型，如联欢会、茶话会、团拜会等。分散式则还可以分为方桌形、V 字形、圆桌形等（图 5-13）。

图 5-11　2017 年金砖国家领导人会晤半围式现场布置

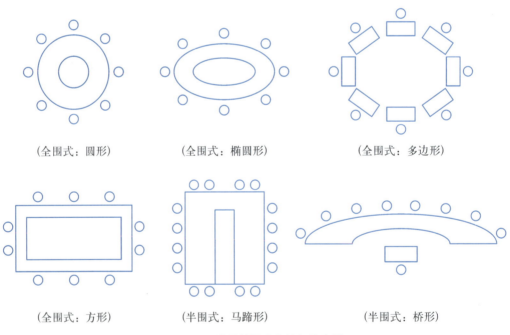

图 5-12　常见的酒店会议场地布置

图 5-13　博鳌亚洲论坛 2019 年年会分会场

三、主席台布置

主席台布置在整个会场布置工作中占有突出的地位,是会场布置的重点,因为它是会场的中心,各种大中型会议均应设主席台。有的会议还设置专门的讲台,如在会议活动中有穿插揭幕仪式的,还设置有揭幕架。主席台的布置应同整个会场的布置相协调,会场气氛的许多方面也都应当从主席台布置中体现出来,例如会标及会徽的展示、花卉选择与摆放、画像与旗帜的放置等。在布置主席台的过程中,要特别重视两个方面的内容。

(一)主席台的座位格局

主席台的座位格局常采用横式,主席台的长短和排数则由主席台上就座的人数确定,可以是一排或多排。前排必须设通栏,后排也可分成两栏,中间留出通道。主席台每排桌椅之间应注意间隔适当的距离,以方便领导人入席与退席。

(二)主席台的座次安排

主席台的座次安排实际上就是参加该会议的领导人和贵宾次序安排,也是一个重要且敏感的问题。重大会议的主席台座次排列名单,一般由秘书部门负责人安排,并送有关领导审定。需对领导人座次问题有专门关照的,则应按领导的意见安排。

对于国内会议主席台座次排列,其通常做法是:身份最高的领导人(或声望较高的来宾),安排于主席台前排中央就座;其他领导人按先左后右(以主席台的朝向为准)、一左一右的顺序排列,即名单上第二位领导人坐在第一位领导人(居中)的左侧,第三位领导

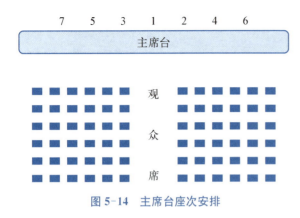

图 5-14 主席台座次安排

人则坐在右侧,其余类推。如主席台上就座的人数为奇数,则以主席台中间位为基点,第一位领导人坐在基点左侧,第二位领导人坐在基点的右侧,第三位领导人坐在第一位领导人的右侧(图 5-14)。

国际性会议主席台的座次排列。一般为主办方身份最高的出席者居中,其他来宾按身份高低一左一右、先右后左向两边依次排开。这与国内会议先左后右的排列方法正好相反。

四、会议场地装饰性布置

会场的装饰是指根据会议的内容,选择适当的背景和色调,装饰物应突出会议主题的点缀物等。通常使用会标、会徽、旗帜、标语口号、花卉、字画及相关陈列品等对会场进行装饰。会场内的装饰性布置,对于营造会议氛围、烘托会议良好沟通、交流、会谈的效果有积极作用。会场的装饰要讲求艺术性、美观性、和谐性。

会标通常是将会议的全称,以醒目的标语形式悬挂于主席台背景墙上沿或 LED 主屏幕显示屏正上方。正式、隆重的会议都应当悬挂会标。会徽即体现或象征会议精神的图案性标志,一般悬挂在主席台的天幕中央,形成会场的视觉中心,具有较强的感染和鼓励作用。

为追求热烈气氛,有的会议可摆放旗帜,表彰性会议场地一般以红旗为多,多摆放在会徽两边,以左右各五面为宜。标语口号多以海报图片的形式出现在会议室门口及会议室主屏幕上。会议室适当布置绿植和花卉,烘托会议现场热烈隆重的气氛,也能给人一种清新、舒适的感觉。

在会场四周,有选择地挂上几幅字画,可点缀会场,增加典雅气氛。灯光的强、弱、明、暗及颜色,会给会场带来不同的效果,一般性会议宜使用白炽灯和日光灯作照明光源,且注意掌握好主席台与台下代表席的光线亮度的比例。会场色调是指会场内色彩的搭配与整体基调,包括主席台天幕、台布、桌椅、花卉及其他装饰物。选择与会议内容相协调的色调,可给与会者的感官形成一定的刺激,产生积极的心理与生理上的影响。

五、会场人员的座次排列

会场座次排列是指对与会人员在会场内座位次序的安排。设有主席台的会议,座次排列包括主席台就座人员和场内其他人员的座次排列。中型以上严肃的会议,都需要合理排列座次。座次排列可以根据具体需要选择排列方法。

(一) 横排法

横排法是指按照参加会议人员的名单,以姓氏笔画或名称笔画为序,从左至右横向依次排列座次的方法。选择这种方法时,应注意先排会议的正式代表或成员,后排列席代表或成员(图5-15)。面向主席台从左向右排列。

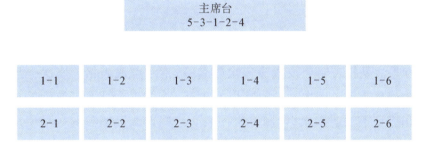

图 5-15　横排法

(二) 竖排法

竖排法是按照各代表团,或各单位成员的既定次序,或姓氏笔画从前至后纵向依次排列座次的方法。选择这种方法应注意,将正式代表或成员排在前,职务高者排在前,列席成员、职务低者排在后(图5-16)。

(三) 左右排列法

左右排列法是按照参加会议人员姓氏笔画或单位名称笔画为序,以会场主席台中心为基点,向左右两边交错扩展排列座次的方法。选择这种方法时应注意人数,例如一个代表团或一个单位的成员的人数若为单数,

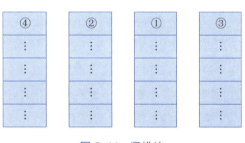

图 5-16　竖排法

排在第一位的成员应居中;一个代表团或一个单位的成员人数若是双数,那么排在第一、第二位的两位成员应居中,以保持两边人数的均衡(图5-17)。从每排座位的中间位置向两边先左后右依次排列。一般适用于大型、参与人数较多、会议室面积较大的场地布置。

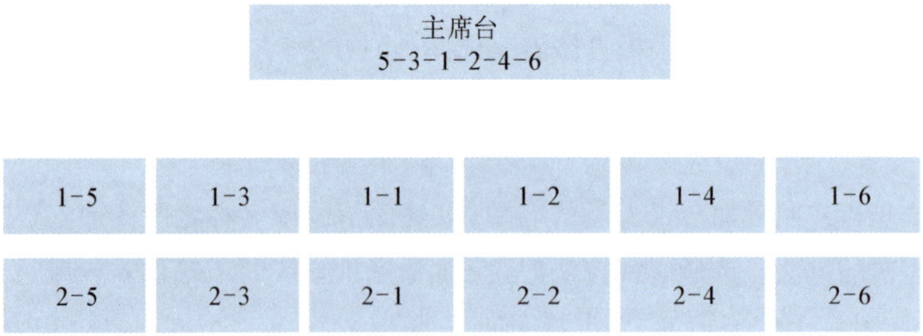

		主席台 5-3-1-2-4-6			
1-5	1-3	1-1	1-2	1-4	1-6
2-5	2-3	2-1	2-2	2-4	2-6

图 5-17　左右排列法

(四) 座次标志方法

座次标志法是指表明会议成员座次的名签、指示牌或表格。座次一旦确定，要选择好标志座次方法。座次标志的常用方法有：在主席台或会议桌上摆放名签；在与会人员出席证上注明座次；印制座次图表。这些方法可单独取一种使用，也可结合使用。

六、几种典型会场、会厅的布置

(一) 会见厅的布置

会见厅的布置，应根据参加会见人数的多少、规格的高低、厅室的形状和面积大小来确定。会见厅的布置一般有马蹄形、凹字形、正方形、长方形等。选择什么样的布置形式，要因人而异。一般较多的采用马蹄形，正中迎门处，摆四个或两个沙发，两边留有出入口，每两个沙发之间放一张小茶几（或一个茶几一个沙发）。这种形式的特点是：主次分明，座位集中，出入方便，格局庄严、实用舒适。会见前，如安排合影，应按会见的人数摆上照相架，其位置宜选在屏风前或挂画下，对规格较高的会见，茶几上放置新鲜插花，厅内四周放置花架，架上放有盆景花卉（图 5-18）。

会见厅的布置应注意以下五点：

① 布局要合理实用，美观庄重，位置要紧凑，各种家具之间的距离要协调一致，内圈沙发应根据人数安排中间的空距，一般是两脚半为宜。

② 座位要比会见的总人数多几个，以备会见时增加人数的需要。

③ 内圈沙发之间的茶几，要根据不同的服务对象来选择适当的位置，并根据领导人的不同习惯，适当放置痰盂。

④ 准备好会见所需物品。数量要有一定的富余，做到有备无患。会见用的毛巾、茶

具、冷饮具、牛奶咖啡杯具、餐具等要严格进行消毒、盥洗，达到安全卫生标准，然后封存起来，专人负责，注意安全。

图 5-18　会见厅的座位及现场布置

⑤ 做好清洁卫生。以上工作完成后，要对会见所使用的范围，进行全面、彻底的卫生清洁和安全检查，以达到卫生要求标准。

（二）会谈厅的布置

双边会谈通常布置长条形或椭圆形会谈桌或扶手椅，宾主相对就座。布置会谈厅要根据会谈人数的多少，会谈桌呈横一字形排列，桌子的中线要与正门的中心相对，桌面上匀称地铺上台呢，桌子的两边对称地摆上扶手椅。主宾和主人的座位要居中摆放，座位两侧的空当应当比其他座位要略宽。如果双方人数不相当，则双方主要领导人中间座椅对齐，其他两边匀称摆放。

如果会谈桌呈一字形排列，主人在背向正门的一侧就座，客人在面向正门的一侧就座。如会谈桌呈竖一字形排列，以进门的方向为准，客人居右方，主人居左方。译员的座位安排在主持会谈的主宾和主人的右侧，其他人按礼宾顺序左右排列。记录员一般是在会谈桌的后侧，另行安排桌椅就座。如参加会谈的人数较少，也可以安排在会谈桌边侧就座。在会谈桌每个座位前的桌面正中，摆放一本供记事的便笺，便笺的下端距桌面的边沿约 5 厘米。紧靠便笺的右侧，摆放办公用笔，便笺的右上角摆上一个高杯垫盘，盘内垫小方巾。每个主要宾客桌前，放一个烟缸和烟盘，其他每两人放一套。便笺、垫盘、烟具等物品的摆放要整齐划一，匀称协调。如果是国事会谈，中、外方主要领导人面前的桌子上要摆两国国旗，或在厅内上侧桌前处摆放两国国旗。具体如图 5-19 所示。

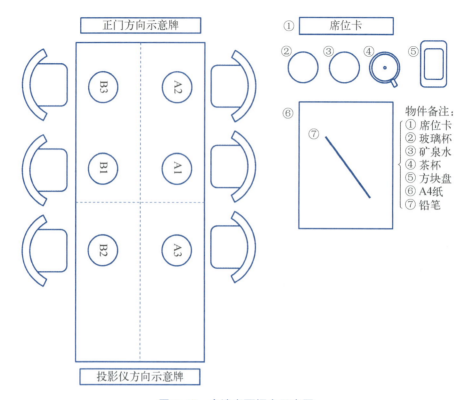

图 5-19　会谈桌面摆台示意图

(三) 签字厅的布置

签字仪式,应根据出席签字仪式双方领导的身份、出席人数,选在宽敞的大厅和高大的屏风或大型挂画、壁画作为背景的厅室进行。

签字厅的布置方式是:在厅室正面的上侧,大型屏风或挂画的前面,将两张长条桌(签字桌)拼拢呈横向排列,在桌面上铺墨绿色台布。台布要铺正,中心线拉直,下垂部分两端要均等,里外两侧要求外边长里边短。在签字台的后面摆两把高靠背扶手椅(左为主方签字座位,右为客方签字座位)。两把椅子之间相距 1.5~2 米(图 5-20)。

在两个座位前的桌面上,放置文具和吸水墨具。如果是国事活动,桌子中间前方摆放有两面国旗的旗架。签字厅的两侧可布置少量沙发,供宾客休息用。

(四) 国际会议会场布置

有国际性组织出面,或者由一国或几国发起,多国代表出席,就共同关心的国际问题而召开的会议,称为国际会议。国际会议一般都具有规模大,规格高,与会国家多,议题

图 5-20 签字仪式场地布置

专一、活动内容广泛的特点。国际会议会场布置形式有多种多样，具体采取何种形式应根据会议的性质、内容、规格、人数和主办方面的要求等情况来确定。

1. 大会会场布置

如果有座位相当、地点合适的礼堂可以利用，就不必另行布置，只要把主席台按就座人数布置一下就可以了。其方法是：按主席台就座人数，用带有同声翻译装置的条桌呈横一字形排列，第一排桌子以不超过背景墙主屏幕为限。台口左上侧摆讲台，讲台上设置台灯。台前用盆花装饰，台口的后侧放常青树。在台口的沿幕上悬挂大会会标，台后的大幕前挂会徽和与会国国旗（按参加国国名的第一个英文字母排序）。根据《中华人民共和国国旗法》及涉外升挂和使用国旗相关规定：在我国接待外国国家元首（含副元首）和政府首脑时，在重大礼仪活动场所，如欢迎仪式、欢迎宴会、正式会谈、签字仪式等，升挂中国国旗和来访国国旗；在接待外国政府副首脑时，在重大礼仪活动场所，如正式会谈、签字仪式等，升挂中国国旗和来访国国旗。在重大涉外礼仪活动场所，如正式会谈、签字仪式等，可以悬挂中国国旗和来访国国旗。根据《中华人民共和国外交部关于涉外升挂和使用国旗的规定》，中国国旗与多国国旗并列升挂时，中国国旗应当置于荣誉地位。并排升挂具体办法：（1）一列并排时，以旗面面向观众为准，中国国旗在最右方；（2）单行排列时，中国国旗在最前面；（3）弧形或从中间往两旁排列时，中国国旗在中心；（4）圆形排列时，中国国旗在主席台（或主入口）对面的中心位置。

如果在台上就座的人员较多，宜搭成梯状的高台，沿梯层摆放若干排桌子，第一排的桌子拉成通直的横排，不留行间，其他各排之间留行间走道。高台的左右两侧围台裙，设上下台阶梯。如果出席大会的人数较少,或者没有适合的礼堂,可选择合适的厅室,用会议桌布置会场。也可根据与会人数、在主席区就座的人数,布置成山字形、品字形等。如果单设主席台,可在厅室中选择适当的靠背景墙的一面,用围板搭成。主席台座位后上方,挂会徽或与会国国旗。在主席台一侧设翻译员座位。

2. 分组会场布置

人数较多的可以用会议桌布置,人数较少的可以用沙发、扶手椅围成方形或马蹄形。在会场的一侧,用会议桌布置译员、记录员席。分组会场的布置以紧凑、视听清晰、出入方便为好。

3. 休息厅布置

大会可在会场外的大厅布置小圆桌和靠背椅,厅的周围布置沙发和茶几。分组会可在会场附近的门厅或另用一小厅,布置小圆桌和靠背椅或摆设沙发、茶几。在休息厅一侧设工作台,摆放资料、咖啡和茶具等。

4. 餐厅布置

与会者用工作餐,应另开厅室,根据人数多少进行布置。用餐的形式可以是自助餐,也可以是份饭,可根据主办单位的要求进行安排。

图 5-21　2021 第七届中国(厦门)国际休闲旅游博览会产品推介会晚宴现场

5. 大中型会议会场布置

按主席团和执行主席的人数,用台架搭成梯状的高台。第一排为首排,直接在台平面布设,第二排分成两组(也可不分)翻译桌呈横一字形摆放,后七排每排分四组,中间两组每组布置四张翻译桌,两侧每组布置三张翻译桌,在各组之间和台两侧留 1.5 米的走道。台前两侧布置候讲席,台口南侧设讲台。台口和各走道均铺红地毯。台口和首排桌前摆花草,高台后侧摆常青树。

大型会议一般选择在礼堂或剧场或会议中心酒店进行。会议现场主席台的布置可根据人数,在礼堂的舞台用长条桌布设。主席台上布设鲜花树草进行装点。主席台背景墙正上方悬挂会标或在搭建的主席台下端搭建会议名称及会标、口号。会议如是报告会,主席台上要设讲台。休息厅的布置,一般采用原来的形式,如果安排有领导接见,可把沙发内圈的空间留大一些。群众休息的大厅要根据情况摆设饮水处,放置适当的烟灰缸、垃圾箱等卫生设备。安全出口的位置要标识清晰,一般设六个出口,嘉宾通道在会议中心靠近主席台的两侧,其余四个出口设置在中间通道的位置和会议中心后面的位置,方便媒体和与会者出行。

6. 合影厅的布置

大型合影场所,应根据出席人员的多少,选择宽敞高大和气派的大厅。照相架的布设,应以照相背景的中心线为轴心,布置成扇面形。在摆设照相架时,一定要留有足够的距离摆放照相器材。照相架之间前沿的两角要对合,后边则应留有一定的间隔。照相架摆好后,根据商定的人数,在照相架前面摆一排靠背椅,在背椅上贴上重要领导人的姓名,供参加合影的领导人就座。

图 5-22　2017 年金砖国家工商论坛会议现场嘉宾合影

7. 冷餐会厅布置

冷餐会厅分为设席座和不设席座两种形式。不设席座冷餐会,应根据出席的人数,踩点的数量,用长条桌、圆桌布设成若干组各种形式的菜台,供摆菜点、餐具用。通常20~30 人设一组菜台,在菜台的四周或侧面布置小圆桌或小方桌。周围根据空间大小设酒台。厅室的周围摆适量的椅子,供客人休息用。如需要摆设主宾席,可采用两种形式,一是可在厅室的上方摆沙发和扶手椅,每三个座位前摆放一大茶几,摆放菜点和用餐;二是用圆桌或长条桌作为主宾席。

设席座冷餐会厅主要有两种布置形式。一是设菜台,周围摆小圆桌,每张小圆桌周围摆放六把椅子。另一种与正式会议一样，不另设菜台，菜点直接摆到餐桌上，宾客按席次就座用餐。

冷餐会的布置形式，在所有宴请活动中最为多样。其中变化最大的是菜台、酒台、装饰台和厅堂环境。厅堂布置要典雅大方，体现出节日或庆祝气氛。总之，冷餐会的布置可根据不同的内容，设计不同的布置方案，达到烘托冷餐会主题的目的。

酒店会议现场摆台操作标准与流程范例，详见表5-1。

表5-1 某酒店会议现场摆台操作标准与流程

会议摆台工作流程	操作步骤与标准
步骤1：会议现场工作准备	1. 仔细阅读EO单、宴会预订发出的通知。掌握会议的基本信息：会议名称、人数、时间、地点、结账方式、有效签单人、要求、会议现场联系人/负责人
	2. 确定会议布置台形：戏院式、U字形、回字形、口字形、鱼骨形、复合U、复合回等会议台形
	3. 根据客人的具体要求准备物品： 长条桌、餐椅、台呢、椅套、文件夹、纸、笔、胜利杯、杯垫、毛巾碟、薄荷糖、会议签到文件夹等预订单上所需物资
步骤2：会议摆台	1. 根据会议订单的会议人数，确认会议所需桌子和椅子的数量，并摆成形
	2. 一般会议摆台 摆台顺序：文件夹—铅笔—矿泉水 文件夹距离桌边1厘米，文件夹内配有两张带酒店店标的会议纸；笔摆在会议夹右边（距桌沿3厘米） 矿泉水摆在文件夹的右上方距离文件夹边沿1厘米处，注意矿泉水中文标签朝向客人 薄荷糖每张桌子的中间摆放一碟（每碟三块）商标统一朝上，整齐摆放
	3. 政务会议摆台 摆台顺序：皮垫—套具—铅笔—矿泉水—胜利杯—薄荷糖 皮垫距离桌边1厘米，文件夹内配有两张带酒店店标的会议纸，套具放于文件夹顶端上，笔摆在套具槽里，店标朝上 胜利杯摆在套具中间位置，把手统一朝向右手边 每个套具里长方形的格子里薄荷糖各放三块，正面朝上 矿泉水摆放在最左边的圆槽里，标签朝客人
	4. 会议拉线工作及确认工作 会议摆好后应用绳子拉直并调整桌椅及胜利杯、文件夹、薄荷糖，使其成一直线 会场布置好后通知销售人员至现场确认台型，沟通会议开始时间，及会议的议程
	5. 主席台、贵宾席 根据会议通知单的要求使用台呢或台布、筒裙；按要求摆台；根据通知单，通知花圃摆好准备讲台花 工作间：需准备托盘、茶壶、接线板、百宝箱及会议用品

(续表)

会议摆台工作流程	操作步骤与标准
步骤3：检查工作	1. 检查台形、台布、桌裙、椅套是否干净、无破损、无皱褶，如有皱褶需用电熨斗烫平
	2. 检查杯具、用具是否干净、无破损、摆放整齐
	3. 检查文件夹、皮垫的纸张是否备足
	4. 检查桌椅的摆放是否整齐；台面、讲台、地毯是否干净无污迹
	5. 检查背景板是否按要求摆放好
	6. 检查茶点台的餐具是否备足、无破损
	7. 检查电脑部的设备是否到位，符合会议标准 会议开始前1小时，服务员打开会议场所的门、灯、检查各种设备及会议指示牌是否到位，如未到位应告知现场主管
	8. 检查签到桌：鲜花、签到本、笔、请赐名片牌、金盘是否到位
	9. 检查会场内是否无蚊蝇
	10. 检查会场内的温度是否适宜和空气的质量，并及时反馈至工程部

 **拓展与思考**

学术研讨会邀请函文本样例

××届全国×××××学术研讨会邀请函

尊敬的_____先生/女士：

您好！

××届全国×××××学术研讨会，拟于×年×月×—×日在杭州召开。本届会议将邀请国内外知名学者30余人做专题报告和专题讨论。他们的报告将对我国××××产业的发展产生新的启迪。会议期间主办方还将组织企业论坛，促进与会代表与企业的交流，共同探讨××××行业的发展。我们也将为您提供最全面、最优质的服务。

真诚地期待着您的积极支持与参与！

××××（会议组织委员会盖章）敬邀

××××年××月××日

一、会议简介

（略）

二、会议报到安排

1. 会议时间：××××年×月×—×日

2. 会议地点：（略）

3. 会议住宿宾馆：（略）安排食宿，费用自理，（预订方式详见附件）

4. 会议报到时间与地点：（略）

三、组织委员会及嘉宾简介

（略）

四、研讨内容

（略）

五、特邀报告

（略）

六、会议日程安排（附日程安排表）

七、会务事项

1. 欲参加会议的单位或个人，请于××年××月××日前将报名回执传真或电话通知组委会。

2. ××年××月××—××日电话或传真通知具体报到事项。

3. 会议收费标准：

注：① 会议费包括参会资格、论文集、资料、纪念品、考察及全部食宿、宴会费用。

② 不由组委会安排住宿的代表交会务费××元（包括参会资格、论文集、资料、纪念品及×日、×日午餐费用）。

③ 已交××××年会费的团体会员代表每人优惠××元，论文作者优惠××元（只适用一项优惠）。

④ ×月×日以后报名者，会议费将不再享有优惠价格，按标准价格收费。

⑤ 汇款账户如下：

开户银行：（略）　　　　账号：（略）　　　　户名：（略）

提交论文者请将注册费××元于××月××日前汇至会议组织委员会账户，（付款方式详见附件），提交论文者若不注册会议，其论文将不被收录到论文集中。

八、联系方式

组委会（略）

九、交通图

（略）

十、乘车路线

（略）

注：请认真填写清楚，并于×月×日前将报名回执传真给组委会，以便安排食宿。

案例来源：http://www.canyin168.com/glyy/yg/ygpx/fwal/201004/21206.html。

思考：

会议邀请函的主要内容有哪些？

 课后思考题

1. 会议前期服务主要有哪些方面的内容？

2. 大型会议的开幕式如果以主旨演讲及嘉宾发言为主要内容，会场适合哪种类型的场地布置？

项目六
会中服务与管理

 学习目标

知识目标：了解会议现场服务的内容和注册、开幕式现场服务各项环节及服务规范；熟悉会议期间宴会用餐服务及客房服务相关服务内容和规范。

技能目标：掌握现场服务接待礼仪和服务要领。

思政目标：具备商务会议现场服务与管理沟通、协调、合作及应变突发事件的团队合作与创新精神。

 **基本概念**

会议现场　会议茶歇　会议旅游　会议注册　会议开幕式

案例导入

2017年9月4日晚金砖国家领导人第九次会晤欢迎晚宴在厦门国际会议中心酒店举行。欢迎晚宴开始前30分钟，在巨幅水墨画《世界文化遗产鼓浪屿》前，国家主席习近平和夫人彭丽媛热情迎候，与贵宾们一一握手，互致问候，并合影留念。国宴餐具和菜品的设计灵感均来自厦门的文化特色，国宴菜单的设计结合国际会议欢迎晚宴的标准与闽菜特色，突出主办单位所在城市厦门风味特色由福建建发集团旗下五星级酒店专业厨师团队精心设计开发，欢迎晚宴最终确定"闽南菜"是此次晚宴餐桌上的主打菜。此次国宴菜单有一个冷盘、四个小菜，松茸炖鸡汤、荔枝龙虾球、油淋海石斑、沙茶焖牛肉、锦绣时令蔬。主食是厦门炒面线，点心是鲜果冰激淋，饮品有咖啡、茶、葡萄酒。宴会菜品及宴会厅中式高雅的环境给各国嘉宾留下了深刻的厦门印象，也为厦门的城市形象增添光彩。

案例来源：http://finance.china.com.cn/roll/20170913/4389403.shtml。

思考：
1. 金砖峰会的欢迎晚宴有哪些亮点呈现在当天的宴会厅？
2. 宴会现场的设计包含哪些内容？

任务一　会议现场服务

为了确保会议顺利进行，除了会前的筹备工作需要做细致的计划和分工安排，会议现场服务是会中服务的关键内容，其服务品质对酒店会议服务质量至关重要。会议现场服务流程图详见图 6-1。

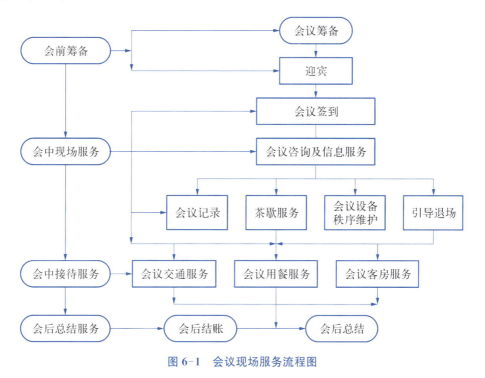

图 6-1　会议现场服务流程图

一、大型会议现场注册

大型会议的现场注册工作包括制定现场注册程序、准备现场注册材料、搭建现场注册台、现场注场服务等几方面的工作。

(一) 制定现场注册程序

会议组织者要制定现场注册程序,就必须提前将程序通过会议网站或其他途径通知会议代表,尽可能让代表在会前就能了解会议注册程序。

注册程序要尽可能简单,保证快速注册。

(二) 准备现场注册材料

发给会议代表的带有个人信息的材料都要在会前准备好,尽量避免现场加工制作。现场注册时发给代表的材料一般可分成两部分:一是带有个人信息的材料和重要票证,主要有代表的胸卡、请柬、旅游票、餐券和收据等,这些材料都放入一个大信封里,信封按注册号排序,方便寻找;二是相同的会议材料,如论文集、会议日程手册和代表名录等。

每位代表文件袋里,还装有一张领取资料的清单,上面印有会议代表的姓名、注册号等个人信息,还有所发物品的清单,不同代表参加的活动不同,清单的项目也不完全相同。代表在领取物品时,工作人员要与其逐项核查所发放的物品,核查完毕后双方签字并注明日期。

(三) 搭建现场注册台

注册台的搭建视注册人数的情况而设计,注册台周围要留有足够的空间,要求在人数最多时也不会使会议代表感到拥挤。注册台应选择在会议中心或饭店的大堂。有条件的会议中心,注册台最好用标准展板搭建的方式。注册台可以分为前后两个区域,前面的区域为注册区域,注册台的后面区域是工作间和堆放会议材料的库房。注册区域可分为几个部分,在显眼的部位标明每个部分的功能,如预先注册和现场注册等。注册台应当有明显的会议标识,如会徽、会议缩写、举办时间等内容。注册台和库房的大小要根据会议的规模和场地空间的大小而定。

(四) 现场注册服务

会议现场注册是整个会议活动中最重要的一环,业内人士经常说现场注册结束了,会务工作就完成了一半,由此可见其在全部会务工作中的分量。注册活动的合理安排将有助于现场注册的顺利完成。应在以下几个方面做恰当的安排。

1. 现场注册的时间

不同规模的会议,现场注册的时间安排也不尽相同。规模在千人以内的会议,会前注册可安排一天的时间,虽然比较紧张,但如果会前准备工作充分,应该能够完成现场注册。多于千人的会议在会前最好安排一天半或两天的时间进行现场注册。会议期间会议代表需要和会议组织者联系处理一些事务，因此会议期间自始至终都要保留注册台。

2. 现场注册服务分工

(1) 预先注册

在会前已经办理了注册手续并按规定缴纳了注册费的会议代表在预先注册区域进行现场注册。由于90%以上的会议代表都要在这个区域进行注册，因此这个区域应该安排足够大的空间。如果是几千人的大型会议，为了能够使注册代表更快地注册，预先注册区域还要按英文字母的顺序细分为几个部分，字母的组合按照会议代表的人数均分，会议代表只要按照自己的姓氏的第一个字母就可以很快地找到自己的注册区域。目前许多大型会议选择在新媒体平台如手机 APP 或官方公众号上设置电子信息注册登记，便于会议代表在抵达前完成注册及办理入住手续。

(2) 现场注册

提交了注册表而未交注册费的会议代表，应引导他们到现场注册柜台办理注册和交费手续。由于会议现场注册的代表通常不会超过会议代表总数的10%，因此即使是大型会议，现场注册的人数也只有上百人，但是要求在此处的工作人员应具有丰富的注册经验，并对会议的各种收费制度有深刻的了解，能够解决注册时出现的任何问题。

(3) 旅游和票证服务

举办大型会议时总会有一些会议代表和他们的陪同人员临时要求参加会议组织的旅游活动和社会活动而需要现场购票，也会因为各种原因取消他们已经预订好的活动。可以根据会议的规模大小，会前预定旅游人数以及参加旅游的购票方式等情况，安排工作人员的数量。工作人员应该熟悉会议旅游的安排，热情并具有强烈的责任心和充足的耐心，能解决临时出现的问题。由于随时会有代表买票和退票，要配有专业财务人员负责收费和退款。

(4) 领取会议文件

大型会议会议资料特别多。大多数会议选择在会议注册时发放会议资料的票证，便于会议代表随时凭票领取会议资料。

(5) 会议专业服务

在会议召开期间，会议代表经常会对会议的专业活动安排进行咨询，如改动预先安排的报告时间，再做报告时会向会议提出一些特殊设备的要求。为解决这些问题，需要安排一个专业服务台，由工作人员来帮助会议代表解决他们提出的各种专业问题，工作人员应该全部是专业人员，对会议的整体专业日程有很全面的了解，能够回答并解决会议代表提出的各种专业问题。

(6) 信息管理服务

信息管理服务决定了会议组织管理是否能够有条不紊。信息管理服务的任务就是保证数据库中数据的完整性和准确性，这就要求工作人员将现场注册信息及时输入到数据库中，使会议组织者能够及时了解最新的注册数据，并将这些变化的数据及时提供给学术组、旅游组、交通组和会务组等各个职能组,指导他们的工作。

二、会议开幕式服务

大型会议的开幕式是所有会议活动中最重要的活动,国际会议的开幕式甚至有多位国家领导人出席,需要认真策划和仔细安排。

(一)策划开幕式的程序和议程安排

首先,要确定开幕式的时间和地点,开幕式可以安排在专业交流活动正式开始的第一天上午,也可以安排在交流会的前一天晚上。开幕式的地点取决于会议代表的人数,有些会议的开幕式与大会会场是一致的,在举办大型会议时,出席开幕式的人数多于会议交流会场的人数,这时可以选择其他场所,如剧院、体育馆等。其次,要邀请出席开幕式的贵宾,按名单发出邀请,务必要一一落实嘉宾参加开幕式的情况。

(二)调整开幕式程序

根据邀请到的贵宾调整开幕式程序和工作计划;将最后确认的开幕式程序印制在会议日程手册上。

(三)设计背景板、横幅、桌签和开幕式场地布置

1. 背景板

背景板的设计要符合会议的主题,背景板的内容有会议主题以及标志、主办、协办支持、时间、地点等。如商务会议和政务会议背景通常选用蓝色背景,在背景板中央的位置印制会议名称,突出正式庄重严谨务实的会议气氛,便于与会者和新闻媒体拍摄相关会议现场宣传会议主题。

2. 桌签

国际会议的桌签需要在正反面印制开会嘉宾及与会者中英文姓名,两国代表会谈的会议桌签还需在会议桌中间的位置摆放两国国旗,突出与会者国别身份,以示对与会者的尊重。国际会议通常使用英文名称打印,国内会议只需印制中文姓名即可。桌签的背景底色可以选择白色、粉色,文字字体要规范、清晰,字号与桌签大小比例协调。

3. 屏幕

随着智能信息时代的到来,大屏幕显示在室内的会议显示中也越来越普及,高清、大尺寸、网络化都是用户所追求的。LED显示屏、液晶显示屏、智能会议一体机都是常见的会议显示屏幕。主办方在选择会议场地时显示屏幕的大小、功能、网络信号的稳定性都

是会议场地的重要配备，可以根据参会者人数及会议实际需要选择高清的、稳定的屏幕，以满足会议期间的视觉效果。比如，广受市场欢迎的智能会议一体机是专业用于会议、培训、教育领域使用的大尺寸显示产品，通常都是 65 寸以上，主要用于小型的会议室显示使用。比如 100 平方米以内的会议室完全就可以使用会议一体机作为显示的主体，既可以显示内容也可以直接手写，达到显示书写一体及在线视频交互的功能。

4. 投影、扩音设备的安装与调试

酒店或会议中心的大部分会议室都有配备专业的投影、扩音设备，无须特别安装。个别小型的会议室需要临时安装。会务组工作人员应与酒店相关部门充分联络沟通，提前检查落实投影及扩音设备的安装与调试情况，避免会议质量因设备问题受到影响，确保会议顺利准时召开。

5. 会场花饰的布置

会场花饰的布置应根据会议场地的大小、参会人数及会议的性质来决定如何布置。通常会场的背景墙或主席台边缘布置适当中高档绿叶和观赏花卉，一般盆花的高度不超过 20 厘米，选择色彩鲜明的四季常开的花卉品种，如红掌、三角梅、龟背竹、四季海棠等，以烘托会场隆重、热烈的气氛。

（四）会议现场引导咨询服务

会议的现场引导咨询服务贯穿会议的全过程，是指会议期间会务组和接待组工作人员在会议现场为与会者进行引导会场、引导入座及解答与会者相关咨询问题。国际会议及大型会议主办方为提高会议现场服务质量和与会者服务价值体验，安排一定数量的志愿者在会议现场和与会者入住的酒店内外进行方位导引和提供咨询服务。G20 杭州峰会、在厦门举办的金砖国家领导人第九次会晤期间主办方为各国嘉宾及与会者提供的志愿者服务以真诚的咨询和导引服务成为会场内外一道靓丽的风景线，给各国政要及媒体留下深刻的印象，也为会议的成功举办增添色彩。

（五）会议现场秩序维持服务

维持会议良好的秩序是会议顺利召开的重要前提和保障。会议安保组工作人员应在会前、会中全力配合酒店安保人员和会务组工作人员对所有参会者身份进行核验。为了确保会议的安全性和准确记录参会者相关信息，与会者可以通过主办方提供的二维码进行核验或扫描人脸识别设备进行身份核对和登记进入会场。

三、会议现场服务注意事项

会议现场服务重视过程与细节，主办方应与会议现场组织者提前确认会议接待流程

和场地布置要求。具体如下:
① 发放会议手册。
② 落实重点接待对象,要有专人负责接待。
③ 安排好签到并分发资料与礼品。特别要注意嘉宾的安排,使其出现在适当的时机,以扩大影响。
④ 提示演讲者准备发言及时间控制。
⑤ 为会议主持人配备助手,协助会议顺利进行。
⑥ 设立信息中心。
⑦ 维持会场内外秩序。
⑧ 加强与会者的交流。
⑨ 重视会议现场的茶水与礼仪服务。

大多数会议举办地是酒店,相关服务细节应具体落实在与酒店签订的会议接待合同条款中。

任务二　会议期间餐饮服务

一、欢迎晚宴

(一)欢迎晚宴概述

餐饮服务是会议期间主办方的一项重要接待工作。主办方在接待与会者的工作中通过餐饮服务体现主办方对与会者的服务礼仪和服务规格。要根据会议的规格与规模、酒店接待能力、便利程度及安全等问题选择酒店。欢迎宴会可以采用自助餐的形式,也可以采用中餐宴会的形式。欢迎宴会是会议组织者的一项重要公关活动,可以很好地进一步联系会议代表、行业领导和其他有关各方面,而会议代表也可以利用招待会进行相互沟通交流,以获取更多的信息。目前国内外许多大型会议的欢迎宴会都选择在会议主办城市的有举办大型会议经验并在行业内品牌影响力较高的酒店举行。会议欢迎晚宴又称会议招待会,一般安排在会议开幕当天晚上7点左右,持续时间通常为2小时。会议主办方应事先安排好欢迎晚宴的出席嘉宾及人数、时间、地点及相关费用,根据欢迎晚宴的预算开支和会议的规格进行场地安排和菜单的选定。欢迎晚宴较为正式、隆重,一般以中餐宴会的桌型进行宴会厅的布置,菜品的选择中西合璧,这已成为当下政务宴会、国宴、家宴选择的主要形式(图6-2)。

图 6-2　2017 年金砖国家领导人厦门会晤欢迎晚宴宴会厅布置

(二) 高星级酒店中餐欢迎晚宴服务标准

我国会议的欢迎晚宴一般以中餐宴会为主,按服务流程分为宴会前的准备、宴会中的服务和宴会后的服务三个阶段。中餐宴会服务流程如图 6-3 所示。

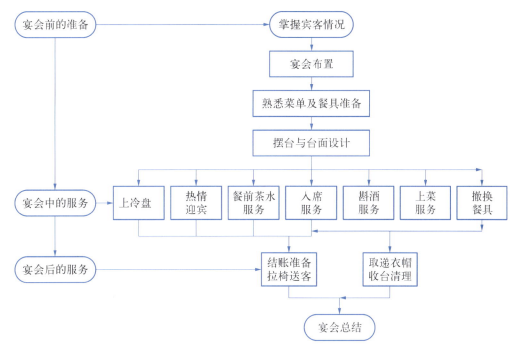

图 6-3　中餐宴会服务流程

(三)高星级酒店西餐宴会服务流程

1. 布置餐厅宴请场所,摆设餐台

根据"宴会通知单"的要求布置餐厅环境,根据晚宴人数及规格要求摆出台型、铺上干净整洁的台布,设计好台布与餐具、口布的颜色搭配。按列出的菜单摆放刀、叉餐具,餐具摆放得当、规格统一,按通知单的酒水要求摆放相应的酒水杯,通常摆出饮料杯、红葡萄酒杯及白葡萄酒杯。台面中央放插花、烛台、胡椒盅、盐盅、牙签盅(3~4人一套)。(图6-4)

图6-4 2017年金砖国家领导人厦门会晤夫人宴西餐宴会台面布置

2. 餐前工作台准备

工作台根据人数、菜肴来准备。通常在工作台上备有咖啡具,茶具,冰水壶,托盘,干净的烟灰缸,服务用刀、叉、匙等。准备间则准备面包篮、新鲜面包、黄油、酒水等。

3. 餐前鸡尾酒服务

在宴会开始前半小时或15分钟,通常在宴会厅门口为先到的客人提供鸡尾酒会式的酒水服务。由服务员托盘端上饮料、鸡尾酒,巡回请客人选用,茶几或小圆桌上备有虾片、干果仁等小吃。待主宾或宴会开始时请宾客入宴会厅。

4. 餐中服务

在宴会开始前几分钟摆上黄油,分派面包。

安排宾客就座后,先女后男,最后给主人斟上佐餐酒,征求是否需要其他酒水。

西餐宴会多采用美式服务,有时也采用俄式服务。上菜顺序是:开胃品、汤、鱼类、副盘、主菜、甜食水果、咖啡或茶。

按菜单顺序撤盘上菜。每上一道菜前，应先将用完的前一道菜的餐具撤下。

上甜点水果之前撤下桌上除酒杯以外的餐具，包括主菜餐具、面包碟、黄油盅、胡椒盅、盐盅，换上干净的烟灰缸，摆好甜品叉匙。水果要摆在水果盘里，跟上洗手盅，水果刀、叉。

上咖啡或茶前放好糖缸、淡奶壶，每位宾客右手边放咖啡或茶具，然后拿咖啡壶或茶壶依次斟上。

5. 餐后结账服务

宴会接近尾声时，清点所有的饮料，如果收费标准不包括饮料费用则要立即开出所耗用的饮料订单，交收款员算出总账单。宴会结束时，宴请的主人或助手负责结账。

6. 宴会结束工作

当宾客起身离座时，应为其拉椅，检查是否有遗留物品，送宾客至宴会厅门口；检查台面是否有未熄灭的烟头；收台时，先收餐巾，后用托盘或手推车收餐具；撤掉台布；重新摆台，准备下一餐宴会的餐桌；领班记录宴会完成情况。

二、欢送晚宴的安排

欢送晚宴主办方根据参加人数和预算标准通常选择开会所在地酒店的中餐宴会厅或者自助餐厅进行。欢送晚宴通常安排在会议结束的前一天或当天晚上。宴会一般19点开始，持续2小时左右。宴会根据天气和宴会气氛需要可以安排在室内，也可以安排在室外。部分公司企业的小型会议欢送晚宴有的也安排在室外，与会者可以在会议结束后在轻松的氛围下一边用餐一边欣赏户外风景。如果在室外，一般选择冷餐会，以自助的方式进行。如果在室内，可以适当安排主持人主持节目或邀请嘉宾做总结发言，也可以安排文艺演出邀请嘉宾观看。欢送晚宴通常也对宴会厅的背景墙设置及会场内外的礼仪服务有较高的要求，以便人们合影留念。如果在欢送晚宴上有邀请嘉宾发言，一定要提前与嘉宾做好沟通及文件的准备。冷餐会适用于会议用餐、团队用餐和各种大型活动，由于形式比较轻松、自由，也适合政府和企业举办会议的欢送晚宴。冷餐会的基本流程如下：

(1) 布置会场

(2) 食品台的摆设

(3) 食品台的布置

(4) 菜肴及其他物品的摆放

(5) 设座式自助餐的服务

(6) 冷餐会开始前的鸡尾酒服务

(7) 入座就餐

(8) 自助餐台服务

(9) 其他服务

(10) 管理人员的职责

(11) 结账收尾工作

三、茶歇服务

茶歇一般设置在会议室的后方工作台上或在会议室门外单独摆设。主办方应根据会议人数和茶歇收费标准进行合理安排,起到调节会议气氛提高参会者服务满意度的作用。茶歇服务流程具体内容项目四中已做说明,此处不再赘述。

四、会议团队午晚餐服务

会议午餐和晚餐一般由主办方的接待组负责统一安排,为了方便与会者参会,提高会议交流氛围和效率,会议期间的午餐通常多安排在参会酒店的自助餐厅或中餐厅进行,费用标准不宜太高,一般不提供酒水,自助餐和中餐围桌宴会提供简单的饮料。可以发放餐券在会议所在酒店指定餐厅用餐。会议团队晚餐一般在会议结束后 1 小时左右,晚餐菜品的安排应适当比午餐丰富一些,可提供适量酒水饮料。在确定菜单时,既要考虑食品安全因素和宗教信仰饮食禁忌,也要考虑人数和场地的适宜性及成本的控制。在综合因素的考虑下选择信誉和质量可靠的酒店为会议团队提供午晚餐无疑是最优的选择。

任务三　会议期间旅游服务

一、会议期间旅游服务的安排

会议期间主办方往往会组织与会者在会议所在城市或周边进行参观、考察、游览,以丰富会议日程安排,提升与会者的体验感,加强与参会人员的日常交流与沟通,调节会议气氛,带动当地旅游业的消费和发展。目前我国国内大部分会议主办方会根据财务预算,组织并协调当地旅游企业向与会者自愿收取价格较优惠的团队旅游费用。也有少部分与会者或嘉宾在参会期间由主办方免费提供相关考察游览活动。旅游参观考察活动的费用收取标准应在会议通知和回执里明确,以免引起纠纷。

(一)旅游服务安排策划考虑因素

1. 选择参观考察的景点或旅游项目应与本次大会的主题、主办方的活动目标相一致

参观考察应成为与会者与当地旅游企业管理者、服务者面对面交流沟通的良好方式,有利于与会者深度了解当地的文化与旅游资源。比如,健康养老为主题的会议在安排旅游参观考察活动时应选择当地较有特色的知名度较高的康养胜地或养老机构进行参观,有助于加强与会人员对会议议题的现场考察。

2. 选择旅游景点或参观项目应与参会人员的身份及兴趣爱好相适应

在参会报名中及会议期间旅游接待组工作人员应积极与参会者协调沟通,了解他们的兴趣爱好并做出针对性旅游方案供与会者选择,这样才能最大限度地提高与会者对会议服务的满意度。

3. 选择的旅游考察项目应突出当地旅游特色

策划会议期间的旅游参观活动除了考虑费用开支、参会者的兴趣爱好,还应该充分考虑会议举办地的旅游文化特色。也要根据与会人员的国别、身份、年龄、爱好、健康状况等。

(二)旅游服务的注意事项

1. 安全第一

组织参会者到旅游景点参观考察出发前一定要确认具体人数、集合时间和参观时长及返回时间,告知参与旅游活动的与会者交通方式与乘车时间,让与会者根据自身身体情况和时间安排自行选择是否参与;比如对晕车的游客应提醒做好防晕车准备,部分旅游考察项目需要登山或登高应提前告知,避免部分游客因恐高引发身体不适。参观结束也要清点人数,避免落下游客,造成安全隐患。

2. 做好内部组织与协调

会议旅游和奖励旅游目前已成为旅游市场一大趋势,主办方在做好会议议题策划的同时要兼顾会议综合服务质量,适当安排一定时间的自由活动与旅游观光,有利于提升会议策划内容的丰富性和整体服务质量。在组织团队旅游活动中最好能委托当地旅游服务质量可靠的企业或机构进行组织、接待,确保旅游服务安全、可靠,品质有保障。

二、会议期间文娱活动的安排

主办方在会议期间举行形式多样的文娱活动可以起到调节会议气氛,加强主办方与

参会者的沟通与交流互动的有效方式。通常以年会、文艺表演、体育活动、鸡尾酒会等形式居多。

（一）时间安排

有的文艺表演活动在会议开幕式后或与开幕式合并,起到热烈欢迎嘉宾参会及烘托会议开幕的隆重气氛。国内大部分会议开幕式安排在签到的第一天或会议议程的上午,文艺表演的时间根据开幕式内容的时间进行协调,一般在2小时左右为宜。文艺表演可设置入场券,以便维持良好的观看演出的秩序和环境。文艺演出的时间应当明确在会议手册日程安排表里,方便与会嘉宾参加。

（二）文娱活动内容选择

会议主办方根据会议的议题及日程安排需要合理安排文娱活动,同时应重点选择当地有文化体验特色的文娱活动,加深与会者、媒体代表对举办地所在地区的文化体验,有利于当地旅游形象的宣传。主办方对文娱活动的策划直接体现出会议策划的细节及整体效果,同时能让与会者感受到主办方的热情待客礼仪。地方民歌舞、戏剧表演、品茶会、民间手工艺观看、文艺演出、灯光秀等文娱活动是近年来比较受欢迎的文娱活动类型。

拓展与思考

以一流服务向世界展现酒店中式服务之温馨待客之道
——建发旅游集团接待高端国际会议案例

活动名称：2017年金砖国家领导人厦门会晤及工商论坛会议及欢迎宴会
活动地点：厦门国际会议中心酒店国际宴会厅、厦门国际会展中心
公司名称：厦门建发旅游集团股份有限公司、厦门国际会议中心酒店
参与人数：欢迎宴会165人,工商论坛1 500人
活动日期：2017年9月3—5日

2017年,举世瞩目的金砖国家领导人厦门会晤在厦门国际会议中心举行,同期还在厦门国际会展中心举办了工商论坛,习近平主席出席并发表了重要演讲。此次厦门会晤,厦门建发集团圆满完成了场馆改造和服务接待工作,其中建发旅游集团带领厦门国际会议中心酒店、厦门海悦山庄酒店和厦门悦华酒店圆满完成了多场次

重要会议接待服务、三场重要宴会服务、多场次对话会和记者会服务、多场次双边会谈服务和工商论坛1 500人会议茶歇服务,其中元首级服务49场次,贵宾级服务90场次,会议服务49场次,餐饮服务(含茶歇)32场次。重点会议有元首主会场8场,双边会15场,新闻发布会1场,重点餐饮服务有欢迎宴会1场,双边宴请1场,配偶午宴1场以及所有会场茶歇的持续供应。

厦门是海上丝绸之路的起点,餐具的图案和造型都融入了"中国浪"元素,所有餐具外观画面都用时代青花描绘出一朵朵欢快的浪花,这与此次峰会会标图案相契合。"中国浪"对应着会标中的五国风帆,传播着世界情怀,寓意金砖国家的合作将千帆竞发、乘风破浪、驶向更加光明的未来。这套国宴餐具"先生瓷 海上明月"体现了"闽南核心、中国文化、时代印记、世界大同"的国宴风范。

厦门悦华酒店则在配偶午宴中营造出柔美、细腻的氛围,与石榴花宴主题餐具相互衬托,完美呈现闽南小食如厦门面线糊和闽南姜母鸭等特色。东海大明虾等菜摆盘融入白鹭、音符、竹叶等元素,精致美丽,令人赞叹(图6-5)。

图6-5 金砖峰会期间酒店宴会特色菜品

酒店国宴厨师团队,北上钓鱼台,南下民间调研学习,将闽南元素融入国宴菜肴。主菜沙茶焖牛肉,选用牛肋排第三和第四根之间的嫩肉,采用厦门同安封肉的制作工艺,使用多种材料,将牛肉封焖,同时搭配酒店特制的闽南传统沙茶酱汁,摆盘上,将闽南腌制做法的红、白萝卜搭配,雕刻成中国传统的玲珑球状,体现中式烹饪技艺的同时,又能在口味上起到开胃爽口的作用。这道菜从品尝评选到国宴出品,每次都能获得在场嘉宾的称赞,真正做到了主办方提出的"展现大国风范,讲好闽南故事"的要求。该道菜肴被收录到《舌尖上的中国3》。

通过厦门金砖国家领导人会晤的接待,建发酒店也有自信跻身顶级会议接待酒店行列,丰富的接待经验成为建发酒店的财富,并不断转化为服务文化和产品。各参与接待酒店目前已推出金砖宴会产品,在国际会议中心酒店、海悦山庄酒店和厦门悦华酒店,均可举办"金砖级别"的宴会和会议,使用金砖用品,品尝国宴菜肴,感受金砖品质。

案例来源：http://www.canyin168.com/glyy/yg/ygpx/fwal/201004/21206.html。

思考：

1. 国际级别的高端会议接待在酒店服务方面应注重哪些要素？成功的会议接待为酒店带来什么？

2. 国际会议接待宴会服务中要注意哪些服务要素？

  课后思考题

1. 酒店大型中式欢迎宴会的服务流程主要有哪些？

2. 会议期间酒店提供的旅游服务有哪些项目？在文娱活动的内容选择上应注意哪些要素？

项目七 会后服务与管理

学习目标

知识目标：了解会后的礼仪工作。掌握会议结束后的致谢方式。

技能目标：熟悉会后与客户的沟通与调查。熟悉会议结束后收款、付款的方法掌握会议结算的工作流程。

思政目标：具备会后服务与管理总结、分析问题及查找原因、收集客户回访意见的沟通、合作、反思、素质。

基本概念

沟通与调查　财务结算　宣传与致谢

案例导入

某日晚6点，有几位客人在堂吧消费买单时客人要挂会议账，因此服务员让客人签了字，但到收银台核对时，此人不是有效签单人，客人又说挂房账，但是客人又不记得房间号码了，几经周折，客人留下100元押金，然后走了。在此期间，我们了解到会议的名称，找到会议的有效签单人吴先生把单子签了，100元也还给客人了。当晚9点多，这个会议的客人又来消费了，但是另外一个签单人了解到下午买单情况时很是生气，说服务员不给客人面子，硬要客人留下押金，现在的账单就是不签字，结果经过销售的调解，账单第二天晚十点多才结！

思考：

在会议服务期间遇到会议客人要挂账该如何处理？

会议服务期间经常涉及的挂账流程：

会议客人要挂会议账的,需要有会议有效签单人的确认签字。如果客人并非有效签单人,需要自己联系有效签单人,让他过来签字确认,但有时有效签单人不方便立即签字,经他同意后,事后可以让其补签,但消费的客人要在账单上签字,最好留下联系方式,以防后期客人事后不认账。

服务员遇到客人不记得房间号码时,可以凭借姓名去前台查询房间号码。在结账遇阻时,要谦和地与客人沟通,寻求妥善的解决办法。

任务一　会议结束后与客户的沟通与调查

一、会后的礼仪工作

会议结束后,让与会者顺利平安地返回其所在的城市是会议主办方责无旁贷的义务,这也是体现主办方承办大型会议的能力体现。为了更好地完成这项工作,我们需要做到以下几点。

（一）安排细节

1. 合影留念

一般情况下,在一些大型或重要会议结束前,应安排全体与会者集体合影。

2. 提早准备

为了避免购买返程票困难,与会者们返程时间延后的情况出现,在会议召开期间,会议工作人员应该及时准确地了解每一位与会者的返程方式和时间,提前预订或购买返程车、船票。在会议即将结束时,把预先购买的返程车、船票交到与会者手中,并请求确认,如无误,由具体安排每一位与会者的送行方式及返程时段。

3. 确保安全性

应保障与会者的人身安全,以及会场上所需用到的所有设施设备,保障会后所有工作顺利完成。

4. 确保舒适、满意

可提供专人专车接送服务,将客人安全送达指定地点。

5. 协助安排

由于各种原因,有部分人员在会议结束后暂时不离开,这需要主办方妥善安排他们的住宿、饮食和出行。对于外地参会人员的旅游或购物需求,会议主办方应适当给予必要的协助。

(二) 送别与会者

安排专门的车辆送与会者至机场、车站,并安排专门工作人员在会场外、宾馆门口欢送与会者离开。在送别处握手告别,提醒与会者携带好个人物品,最后将宾客送上车,目送与会者离开视线方可离开。

(三) 清理会场

会议结束以后,检查会场与房间,要把会场恢复到跟使用前一样的状态,这是对会场使用者最基本的要求。会议室是公共场所,是各种会议交替使用的地方,会场使用完毕后,不要给他人留下麻烦。

清理通知牌和方向标志;以及会场内其他物品(布置宣传品、设施设备、资料纸张、遗失物品等);最后通知配电人员关电和服务人员关门。

二、会后与客户的沟通

当会议活动按计划闭幕后,并不意味着工作就此结束,会议活动主办方需要和会场经营方办理各种手续,与会者离开也需要主办方进行协助和管理。除此之外,会后还要做好与客户的沟通。与客户进行有效的沟通是确保会议成果得以实现的关键环节。以下是在会议后期与客户沟通的一些重要方面:

(一) 感谢与反馈

在会议结束后,尽快向客户发送一封感谢邮件,表达对他们的参与和支持的感激之情。在感谢邮件中,还可以邀请客户对会议内容、设施、餐饮等方面提供反馈意见。

(二) 内容确认与整理

根据客户在会议中的发言和讨论,整理会议内容的关键点和共识。将会议内容整理成会议纪要或报告,发送给所有与会者,以确保大家对会议内容的理解和认知一致。

(三) 行动计划与执行

根据会议的讨论和决策,制定详细的行动计划,包括责任人、时间表和具体措施。定期跟进行动计划的执行情况,及时调整和优化方案,确保目标的顺利实现。

(四) 定期跟进与更新

定期与客户保持沟通,跟进他们在会议后的情况和进展,了解他们是否需要帮助和支持。根据客户的反馈和需求,及时调整和优化服务,确保客户满意度不断提高。

(五) 解决疑问与问题

如果客户在会议后有任何疑问或问题,应尽快给予耐心细致的解答和帮助。对于客户提出的问题和建议,要认真分析并积极采纳,不断优化产品和服务。

(六) 收集反馈与持续改进

定期收集客户的反馈意见和建议,对产品和服务进行持续改进和优化。将客户的反馈意见和建议整理成报告,提交给相关部门进行分析和改进。

(七) 建立长期联系

通过电话、邮件等方式,与客户保持长期联系,建立稳定的合作关系。在重要节日或客户生日时,送上祝福或礼物,增进与客户之间的感情和信任。

(八) 附加服务与推荐

根据客户需求,提供附加服务或产品推荐,如培训课程、行业报告等。在客户同意的情况下,将客户的联系方式分享给其他潜在客户或合作伙伴,共同拓展业务范围。

三、会后对客户参会体会的调查

(一) 调查的必要性

1. 评估会议效果

在会务或会展活动结束后,进行后续调查是非常必要的。首先,通过收集与会者的反馈,我们可以评估会议的整体效果。这包括对会议内容、讲师、设施、场地环境、餐饮住宿安排等方面的评价。通过了解与会者对会议的满意度和反馈意见,我们可以得出会议的成功之处以及需要改进的地方,为今后的会议组织提供参考。

2. 发现客户需求

会务或会展的与会者通常是对特定领域或主题感兴趣的人群。通过后续调查,我们可以了解与会者的需求和期望,进而发现客户的需求和关注点。这些信息对于企业制定市场策略、调整产品和服务方向具有重要的指导意义。同时，了解与会者的兴趣和需求，也有助于我们更好地为目标客户群体提供定制化的服务和解决方案。

3. 优化会议会展流程

通过会务或会展的后续调查，我们可以收集到与会者对会展流程的意见和建议。这些反馈可以帮助我们优化会展流程，提高活动的质量和效率。例如，如果与会者对某一项活动或环节表示不满意，我们可以调整该环节的设置或内容，以更好地满足与会者的期望。此外，我们还可以根据与会者的反馈，改进会展的主题和议程，使其更贴近客户的关注点和实际需求。

4. 提升品牌形象

会务或会展是一个展示企业形象和实力的平台。通过后续调查，我们可以收集与会者对企业的评价和意见。这些反馈有助于我们了解企业在与会者心中的形象和声誉。如果与会者对我们的评价积极，那么这将对我们的品牌形象产生积极的推动作用；如果评价不甚理想，我们则可以从中发现改进的空间，进而提升品牌形象。

5. 拓展业务机会

会务或会展的后续调查还可以帮助我们拓展业务机会。通过与与会者的交流和沟通，我们可以了解他们的需求和关注点，进而寻找潜在的合作机会。同时，我们还可以通过后续调查了解与会者所在的企业或机构的情况，为今后的业务拓展提供有力的参考信息。

通过认真分析和利用这些反馈信息，我们可以更好地服务于客户、拓展市场空间并提高企业的竞争力。

（二）制定调查活动计划

1. 调查目的

本次调查旨在了解会议的反馈和效果，以便组织者对会议进行总结和改进。通过收集与会者的意见和建议，分析会议的影响和效果，为未来的会议策划提供参考。

2. 调查对象

本次调查的对象为与会者，包括会议的演讲嘉宾、观众以及工作人员。

3. 调查内容

会议主题和议题：了解与会者对会议主题和议题的看法，包括对议题的重要性和关注度的评价，对于下次会议议题的拟定或是系列会议的持续发展具有重要借鉴作用。

会议组织和安排：调查会议的组织和安排情况，包括会议的时间、地点、设施、演讲嘉宾的安排等、会议的接待程序、服务是否热情周到等情况，有助于提高办会水平。

与会者参与度和反馈：了解与会者的参与度和反馈情况，包括对演讲内容的评价、对讨论环节的反馈以及对会议组织者的评价等，是影响到会议质量的重要因素。

会议效果和影响：评估会议的效果和影响，包括与会者对会议的总体评价、对会议成果的应用情况以及是否达到了预期目标等，是决定会议组织是否成功的衡量指标。

4. 调查方式

问卷调查：设计问卷，通过邮件或现场发放的方式，收集与会者的意见和建议。在会务或公展结束后，为了收集与会者或参观者的反馈意见，可以采用问卷调查的方式进行后续调查；问卷调查是一种以书面形式向与会者或参观者提出问题，收集他们的看法和意见的方法。

访谈调查：对部分参会者进行访谈，了解他们的反馈和意见。确定采访对象和采访提纲，准备好录音设备和纸笔等工具。与与会者或参观者进行面对面的交流，了解他们的反馈意见和建议。在交流过程中，要保持客观公正，尊重被采访者的意见。最后再整理和分析采访记录，提取有用的信息，形成反馈报告。

统计分析：对收集到的问卷调查、面对面采访和小组讨论的数据进行分析，提取有用的信息。可以采用统计分析方法、图表展示等方式对数据进行处理和分析。根据分析结果，可以得出与会者或参观者的反馈意见和建议，为后续的会务或公展提供参考。

5. 调查时间

本次调查计划在会议结束后一周内进行，以确保收集到尽可能多的反馈信息。时间越早，收集到的信息时效性越强，对于调查结果也更有意义。

6. 数据分析

对收集到的数据进行统计和分析，包括对各项指标的量化分析和对比分析。根据分析结果，总结会议的优点和不足，并提出改进建议。

7. 结果报告

根据分析结果撰写报告，包括：调查背景和目的介绍；调查对象和内容的概述；数据分析结果的详细阐述；对会议的总体评价和建议措施；调查结论；等等。

8. 建议措施

根据与会者的反馈，调整会议的主题和议题，以提高与会者的关注度和兴趣；优化会议的组织和安排，提高会议的效率和质量；针对与会者的反馈，改进演讲内容和讨论环节，提高与会者的参与度和满意度；加强会议的宣传和推广，吸引更多的参会者；定期进行类似的调查活动，以持续改进会议效果。

 **拓展与思考**

天地公司是一家中外合资企业,主要生产家电产品,公司资产雄厚,拥有员工近2 000人。其中不乏著名的科技人员和高层管理人员。公司在全国各大中城市设有众多分公司和销售代理商。最近几年,公司推出了一系列新产品,占领了国内10%以上的家电市场。在国外的影响也很大。2018年,公司加大管理和研发力度。在电脑、手机、电视等多个项目上研制生产出新型、新款产品,国内市场份额达15%。2018年底公司召开年度全国销售商表彰大会,以表彰先进、规划2019年工作。参加表彰大会的有公司邀请的省(区、市)的有关领导、同行业兄弟单位的代表、公司董事会成员、全国各分公司的领导、全国销售代理商代表以及公司著名的高层管理人员和科技人员等。会议结束后,总经理还为与会人员安排了一天参观访问活动,并要求秘书做好这次会议活动经费的结算工作。

思考:
1. 会议结束后,秘书与酒店结账时涉及哪些方面的费用?
2. 为避免因集中在同一时间结账而造成拥堵,秘书可以与酒店方提前做好哪些服务工作?

任务二　会议结束后财务结算

在会议活动结束后,会议的主办单位和承办单位、会议场所经营单位以及其他各类相关单位之间的费用应该及时结清。

一、明确费用和交纳方法

会议组织方在参会通知中就应该明确费用和交纳方法。会议结束后与酒店结账时涉及两个方面的费用:一类费用是由会议组织者支付,另一类费用则由与会者个人承担,酒店会根据与会议主办单位所签合同中的规定分别收取。

(一) 收款的方法与时机

收款的方法与时机应注意的事项如下：

① 应在会议通知或预订表格中，详细注明收费的标准和方法；

② 应注明与会人员可采用的支付方式（如现金、支票、信用卡等）；

③ 如用信用卡收费，应问清姓名、卡号、有效期等；

④ 开具发票的工作人员事先要与财务部门确定正确的开发票程序，不能出任何差错；如果有些项目无法开具正式发票时，应与会议代表协商，开具收据或证明。

(二) 付款的方法与时间

付款方法与时间如表 7-1 所示。

表 7-1　付款的方法与时间

设施和服务	付款方法	付款时间
演讲者	事先确定费用	在活动之后支付给演讲者
食品饮料	事先商定费用	预订时交订金，活动之后按花的钱开发票，支票结账
会议地点	事先商定费用	预订时交定金，活动之后按花掉的钱开发票，支票结账
其他费用的偿付	事先确定的费用活动之后开具账单	收到账单经批准后用支票付款
文具和打印	活动之前申请和安排活动之前可用零用现金购买	零用现金偿付 文具订购事先开发票和付款
音像辅助设备	活动之前确定租用费用	活动之后为租用费用开发票和结账

(三) 会议付费的要求

会议经费的名称要规范。遵守公司零用现金、消费价格及用品报销的各种日常制度和规定。

二、会议经费结算程序

要提醒与会者结清食宿、会务等相关费用。会议结束，应及时清点几个会议费用的实际支出,对照会前经费预算,逐笔账目进行核点。填写报销单,按报销要求将发票用胶水粘贴在报销单背面,请主管领导签字即可去财务处报销,一定要结清所有人的费用,将经费使用情况向领导汇报。

会议经费结算程序如表 7-2 所示。

表 7-2 会议经费结算程序

步骤一	通知与会者结算时间和地点
步骤二	核实发票
步骤三	填写报销单将发票贴于报销单背面
步骤四	清点费用支出发票
步骤五	请领导签字
步骤六	到财务部门报销
步骤七	与相关部门及人员结清费用

三、协助做好结账工作

一般情况下,与会者都是到店时交纳费用、离店时结账。为避免与会者集中在同一时间段到前台结账而造成拥堵,酒店方要提前做好结账服务工作。例如,安排入会者提前一天提供单位发票信息并结算账目,前台打印发票,与会者第二天退房时只需再核对并直接领取发票;或者将预测的客流量提前通知前台,让酒店方配备好相应的收银人员和收款设备,尽量缩短与会者离店的结算时间。

四、会议经费结算的注意事项

开具会议住宿发票时,需要向酒店索取正式发票,保证开具的发票金额与收取的会务费相等。发票的服务项目一栏如何填写需要询问酒店,以便于酒店的账目管理。

住宿费一般不包括使用房间的长途电话费、客房小酒吧等在酒店签单的费用。会议主办方如果收取的会务费不包括这些额外的开支,又不希望这些开销带来不必要的麻烦,可以事先要求酒店撤掉这些服务项目或和与会者提前沟通。

任务三　会后宣传与致谢

一、会后宣传

很多会议结束后还开记者招待会或者新闻发布会，将有关情况提供给新闻界进一步扩大会展的影响力。在正常情况下，也应准备会议或展览最后一份新闻稿提供给媒体，这样可以获得比较突出的宣传效果，加深参观者的印象。

会议是传播信息的有效方式之一，传播参与度高，而且手段丰富，获得反馈也最为直接，甚至在会场还可以增加很多感情色彩。因此，如何运用会议这种形式进行有效的传播，或者说如何把传播信息与会议这种形式进行有效的结合，是所有人最关心的问题。所以每个会议都必须注意根据会议制定传播计划，掌握时间节奏，主要分为前期造势、中期高潮、后期保温三个阶段。

前期主要是造势阶段，可以通过新闻发布会以及事件进行传播，通过传统媒体或者新媒体将信息快速传达；在中期可以通过高端人物的专访、重点会议内容的新闻报道以及现场直播或在线直播，真正地把会议进行一个爆点传播；后期主要是集中回顾会议活动的亮点或核心内容，通过会议视频、图片等载体，让会议的传播效果再保留一段时间。

那么如何制造传播内容，如何在会议期间组合传播方式？无论手中有什么，内容才是传播的根本，当前已经是内容为王的时代，新媒体和传统媒体都是如此。所以，制造传播内容就是通过传播有价值的内容，引起目标群众的兴趣，带来社交讨论的互动，从而达到影响力的目的。要想让会议插上腾飞的翅膀，首先的任务是制造话题和内容，凝聚会议的素材，然后在短期内集中宣传那个话题，使之引起热议，这样才能达到会议传播更深远更广泛的目的。

宣传的方式和效果如表 7-3 所示。

表 7-3　宣传的方式与效果

宣传方式	具 体 实 施	宣 传 效 果
网络宣传	新浪、搜狐、时尚、行业、专业网站等网络平台	达到在时间和空间上宣传的延伸效果

(续表)

宣传方式	具 体 实 施	宣 传 效 果
主流平面媒体	以新闻、软文及硬广的发布方式综合表现,如人民日报、北京青年报、经济日报、中国消费者报等	通过平面媒体的持续发行,达到不容忽视的宣传效果
人力宣传	协会人员将会向周围的人群介绍此次活动并宣传商家。参与此次活动的人员也定会向身边的人提及活动及商家	凭借人们的口口相传,使宣传力扩展至更广阔的区域

二、致谢

会议闭幕后,主办方应该抓紧时间指派专门的工作人员向提供帮助的单位和人员致谢。致谢是一种符合中国传统文化、反映个人修养和美德的基本礼节。致谢应作为会展结束后的例行工作之一,对与会者、协助单位、媒体、社区、赞助商、参展企业、参观者、承办场馆等都应表示感谢,表示出对对方的重视,并让对方感受到本来合作的诚意。对于组展商来说,致谢不仅是一种礼节,也是进一步与客户沟通交流的机会,对发展和巩固与客户的关系有促进作用。

(一) 致谢对象

致谢对象应该包括协助单位、支持单位、政府机构和政府官员、行业协会、赞助商、媒体、社区、与会者、承办场馆、各种服务的供应商以及本次会展活动的成功举办付出辛苦劳动的员工、志愿者等。

(二) 致谢方式

会议后对与会者的致谢方式详见图 7-1。

图 7-1　会议后对与会者的致谢方式

1. 登门亲自致谢

对于最重要的人员,可以登门致谢或者通过宴请来表示感谢。

2. 电话致谢

如果没有时间亲自逐一向每一位为会议的成功举办提供过帮助的个人或者单位道谢,那么可以通过电话来向他们表示感谢。

3. 电函致谢

现在互联网技术都十分发达,如果以上两种方式都无法做到的话,应尽快向有关人员及单位发致谢函。

致谢是会议后续工作的一个重要组成部分,在组织会议过程中我们接受了人家的帮助与支持,也必须要对此表示感谢。这不仅是一种礼节的体现,而且对建立良好的关系有促进作用。

第十二届中国东莞国际电脑资讯产品博览会

一、国内主要城市巡回宣传

组织在电子信息产业发达的城市开展展会宣传推介,包括拜访目标城市政府、召开地方新闻发布会、媒体广告投放、媒体新闻宣传等。

二、网络媒体宣传

与阿里巴巴、环球资源网等电子商务网进行战略合作,开设专区邀请国内外买家并与参展商进行采购配对。

在中国电子信息产业网、今日电子网、慧聪电子网、电子产品世界、中关村在线、太平洋电脑网等42家专业电子网站设立展会宣传专区,发布展会信息宣传电博会。

对电博会网进行全面改版,增加行业新闻系统、电子快讯系统、会员注册系统、供求信息发布系统、网上展厅、参观商登记系统、参展商资料及管理系统、商务配对功能等功能模块,增加行业新闻、电子快讯、供求信息发布栏,丰富网站内容,增加网站人气度。

三、户外广告宣传

在广深、莞深等交通要道、珠三角电脑/电子市场等设立电博会大型广告宣传牌。

在东莞至深圳、广州的大巴、东莞主要公交线路做车身广告全面宣传电博会。

在东莞各大酒店、政府及工商、税务局等机关门口放置电博会资料宣传架150个,供人随时索取资料,并在各大酒店房间放置电博会宣传册,大力宣传电博会。

四、大众媒体宣传

成立电博会媒体俱乐部,邀请中央电视台、广东卫视、凤凰卫视、东莞电视台、香港大公报、南方都市报、广州日报、东莞电台等国内外近200家电视台、电台、报纸、杂志对电博会进行全方位的报道,不定期对外发布电博会新闻,扩大电博会的影响力。

在中央电视台、广东卫视、深圳卫视、东莞电视台、香港大公报、深圳商报、东莞日报等大众媒体投放广告,宣传推介电博会。

五、专业杂志、报刊宣传

在《电脑报》等60多家专业报刊、杂志上设固定版面并配以新闻稿宣传推介电博会。

六、其他宣传

收集全国250 000家行业买家和30 000余家境外买家,直接寄发邀请函,邀请其前来参观采购。

在全国各大电脑/电子市场收集买家信息并定期寄发电博会简讯和买家邀请函,邀请参观电博会。

七、总结

此次展会组织在电子信息产业发达的城市开展展会宣传推广,包括拜访目标城市政府、召开地方新闻发布会、媒体广告投放、媒体新闻宣传等。网络宣传与多家专业电子网站设立展会宣传专区,发布展会信息宣传电博会。户外宣传采用在交通要道设置广告宣传牌。大众宣传采取在电视、电台、报纸、杂志对展会进行推广。对专业观众发送邀请函,邀请政府协会参观,加大展会宣传力度。

思考:

1. 在会议最后,还需要工作人员注意什么问题?
2. 讨论会议后续工作的意义。

课后思考题

1. 会议结束后的沟通与调查的内容主要有哪些?
2. 请简述会议结束后财务结算的程序。
3. 会议宣传的方式的优劣对比。

项目八
酒店会议的营销管理

学习目标

知识目标：了解酒店会议营销的概念；理解酒店会议营销的八要素是什么；掌握会议营销的内容。

技能目标：结合酒店实际案例，进行酒店会议市场定位分析，提出酒店会议营销策略。

思政目标：增强酒店会议产品的中华文化元素，增加中华文化自信，通过小组分工协作，加强学生团队协作能力。

基本概念

会议营销　市场定位　避强定位策略　营销策略

案例导入

酒店营销方式

酒店业的竞争非常激烈，酒店营销在运营中占据重要地位。酒店要通过不同的方式来接触客户，尽可能地获得预订和实现收入目标。

一、客户体验营销

客户体验营销是指以顾客在酒店住宿或与企业互动时的实际体验为基础的酒店营销策略的集合。它所基于的理念是，酒店顾客并不是真的为产品或服务付费，而是为体验付费。这实际上对酒店的要求更高，因为体验是全方位的，一道很好吃的菜如果没有良好的服务配合仍然不会给客人带来好的体验。所以这也需要酒店管理者长期的努力。酒店可以通过多种方式改善顾客体验，如提供优质的顾客服务，在酒店客房中提供独特的功能，为客人提供一系列优越的设施。通过将营销重点放在体验上，酒店可以真正挖掘出人们入住酒店的最初原因。

二、语音搜索

近年来，语音搜索已经成为重要的酒店营销方式之一，酒店营销策略可以利用这一点。例如，使用智能家居设备，客户可以完全通过语音命令预订酒店。此外，语音搜索也可以在酒店房间内实现，然后作为吸引顾客的一种方式进行推广。这可以通过在酒店房间中安装智能扬声器或智能中心来实现，让客人使用它们来获取最新的旅游信息，或从舒适的房间预订酒店服务。

三、通过聊天机器人提高客人的体验和满意度

当涉及在线客户服务时，客户往往有很高的期望，期望问题得到迅速回复，这就给了聊天机器人发挥巨大价值的机会。酒店可以设置一个聊天机器人来回答常见问题，推送关键的营销信息，增加直接预订，甚至引导客户预订。

聊天机器人在没有工作人员的情况下，也能对客户做出响应，并支持自动语言检测和多语言交流。聊天机器人也可以在整个客户旅程中继续与客户交流。

但是聊天机器人没有智能，所以在和客人互动的时候，问题和答案的设计就非常重要，而且一定不要把聊天机器人定位为可以解答一切问题的最终解决方案，实际上聊天机器人只能是人工的辅助。

四、人工智能

顾客服务互动是现代酒店营销组合的重要组成部分，人工智能（AI）在这里可以发挥重要作用，是聊天机器人的升级版。例如，人工智能聊天机器人是确保客户通过酒店网站上的实时聊天功能获得快速响应的最佳方式之一，每天24小时，消除了缓慢的响应时间。不过，人工智能在酒店行业的应用远远不止于此。例如，人工智能的学习能力可以帮助酒店更有效地区分客户，帮助进行个性化营销。它还可以加速数据分析，帮助酒店更精准地服务客人，提供问询的答案。

五、影响力营销

影响力营销指的是接触在网络上有重要影响力的个人，如网红、关键意见领袖（key opinion leader，KOL），并利用他们的影响力将营销信息传递给特定的受众的做法。有影响力的人往往有既定的受众（粉丝），这些受众（粉丝）可能由特定的人群组成，通常会尊重网红/KOL的观点。

在某种程度上，网红营销与名人代言的运作方式类似，受众信任一个企业或品牌，因为它与他们信任或钦佩的网红有关联。酒店可以与有影响力的企业或者个人

合作,通过发布短视频、直播、社交媒体帖子、书面内容等在线营销来宣传酒店。

六、用户生成内容

用户生成内容是指由顾客创造并分享的在线内容。这方面的例子包括从客户评论和视频博客,到酒店照片和朋友圈图文等内容。用户生成的内容最常在社交媒体或个人博客上分享,进而衍生出关键意见消费者(key opinion customer,KOC),目前很多企业在内容平台和社交平台上的代言宣传都转向了KOC而不是KOL,或者KOL与KOC并重。

这种内容来自真实的客户,而不是品牌宣传,更容易获得受众的信任。对于酒店来说,要真正利用用户生成内容的力量,就必须为其提供容易创建和共享的机会,比如在内容平台上举办创意比赛。

七、个性化营销

个性化营销背后的理念是向个人用户提供更有针对性的促销内容。这是一种高度依赖于用户数据收集的营销手段,相对来说成本比较高。个性化营销的主要优势在于,客户所看到的促销内容与他们个人相关度更高。

个性化营销可以采取多种形式,包括通过互联网大数据分析提供智能产品推荐,目前主流的内容平台都有根据用户站内行为投放广告的服务,极大地方便了酒店的营销活动。宣传内容可以通过获取个人联系信息来定制,但也可以根据用户的网页浏览习惯和社交媒体活动来针对特定用户。

八、增强现实

增强现实(AR)有点类似于虚拟现实技术,但不是完全改变用户周围的环境,它的工作原理是将信息叠加到现实环境中——通常通过智能手机或平板电脑。这项技术最早在游戏上应用得比较多,现在已经逐步进入到消费环境展示领域。在西方国家,增强现实营销是酒店营销最重要的趋势之一。比如,在房间里嵌入交互式的挂图,当用户用智能手机瞄准他们时,它可以向用户提供酒店的服务信息和城市旅游信息。

九、视频营销

视频营销是目前酒店最有力的营销手段之一,它可以以一种直接的方式将营销信息定向地传递给潜在客户。视频内容在社交媒体平台上尤其受欢迎,因为它能够将视觉和音频元素结合起来,在展示酒店特色的同时可以通过色彩和音频激发受众的购买冲动。视频内容的选择几乎是无限的,从酒店活动的直播,到突出酒店特色的宣传视频,以及与客户的访谈,分享他们的经验等,甚至一些比较新奇的科技比如360度视频也在日益普及。

十、再营销

再营销也被称为再定位,是一种非常常见和流行的数字营销形式,营销人员向访问过他们的网站或特定网页的用户提供广告。这是一种有效的锁定那些已经对你的酒店或品牌表现出一些兴趣的人的方法。

因为酒店的目标是过去的访客或现有的客户,所以这种营销行为被称为再营销。通常我们把它看作是通过在线广告或活动转化、追加销售或留住客户的第二次机会。我们可以通过不同的方式和广告平台进行再营销,比如集团公众号、小程序、预订平台、内容平台等。

再营销可以让这些用户获得特定的营销信息,比如他们预订的酒店房间的图片,提醒他们与酒店的互动。与其他形式的数字广告相比,再营销的一个主要优势是,酒店已经知道这些客户表现出了一定程度的兴趣,只要再加把劲,触动到客户的兴趣点就可以成功激发客户的预订/购买行为。

案例来源:https://www.shangyexinzhi.com/article/5019171.html。

思考:

结合未来趋势,酒店会议服务时应选用何种营销方式?

任务一　认识酒店会议营销

一、酒店会议营销概念

酒店会议营销是指,以会议接待为主要经营活动的酒店,通过各种各样的传播途径和媒介,将酒店的会议接待产品进行经营活动、销售以及对自己酒店品牌的宣传和销售的过程。

二、会议营销八要素

会议营销的要素组合是会议对能实现其营销目标的各种可控因素的组合和运用,会议的营销的独有特征使其可组合使用的各种营销要素也与其他行业有所不同。会议的营销要素组合要符合会议行业的需要,不能盲目照套传统的营销四要素理论。

会议的营销实质上是以有形的展位或场地为媒介来销售一种无形的服务,这种服务就是以会议的举办单位为媒介,从多个方面为参会人员提供的各种服务。会议的营销的这种特点,使它具有有形的产品营销和无形的服务营销的双重特性。酒店会议营销的有形产品营销特性,要求熟练使用产品、价格、渠道和促销等产品营销要素;会议营销的无形服务营销特性,要求熟练使用人、有形展示和过程等服务营销要素。会议的营销既是在营销商业活动,也是在营销社会活动,这一特性使它必须充分重视公共关系。换句话说,会议营销的要素有八个:产品(product)、价格(price)、渠道(place)、促销(promotion)、人(people)、有形展示(physical evidence)、过程(process)和公共关系(public relation),统称为会议营销的"8P"营销要素,如表8-1所示。

表8-1 会议的营销要素一览表

营销要素	描述	说明
产品	包括会议的题材领域、质量、档次、品牌、服务项目以及展前、展中和展后服务的质量等。	传统营销学或普遍意义上的4P营销组合。
价格	包括会议的价格水平、折扣幅度、付款条件、客户对会议的认知价值、性价比和差异化等。	
渠道	包括会议举办地、可到达性、分销渠道、分销的题材或地理区域范围等。	
促销	包括各种形式的广告和宣传、人员推销、电话推销、营业推广等。	
人	包括与举办会议的单位人力配备有关的训练、激励、外观和人际关系,与参会人员有关的参与程度、行为和接触度,以及上述两者的态度。	酒店会议营销是在营销一种服务的特性所要求的3P营销组合。
有形展示	包括与会议现场环境有关的装潢、色彩、陈设和噪声水平,与服务有关的装备设施和实体性线索等。	
过程	包括与会议流程有关的流程设计、参加会议的规则、手续和流程机械化程度,与客户有关的客户参与度和客户取向,以及会议员工的裁量权等。	
公共关系	包括公共关系意识以及与行业组织、政府部门、社区民众和新闻媒体会议等有关的公共关系宣传和活动等。	酒店会议的社会活动属性决定的营销要素。

(一)产品

会议的营销中的产品有双重含义:它既能指整个会议,也能指会议中的服务。从会议的角度看,会议的题材、质量、档次品牌效应、服务质量和服务项目等无不对会议的营销产生影响。从某个特定会议的角度看,会议的位置好坏和面积的大小直接影响到参与会议人员的便利性。

(二) 价格

会议价格是企业识别不同会议的一项综合指标。在执行价格策略时,不仅要考虑价格水平、折扣幅度、付款条件等有关绝对数量指标,还要考虑客户对会议的认知价值、会议的质量价格比(即通常所说的"性价比")、差异化系数等有关相对数量指标。

(三) 渠道

会议所在地以及它在地缘上的可到达性是影响会议的营销的重要因素,在交通便利、信息发达、产业集中的地方举办的会议吸引力往往较大。地区的可到达性不仅指地理上的,还指传播和接触等其他方式,如宣传信息到达的难易程度、营销渠道的形式及其覆盖的范围等。

(四) 促销

包括各种形式的广告和宣传、人员推销、电话推销、营业推广等。上述促销方式在会议的营销中经常是有选择地有机组合使用,组合促销往往比单一促销更有效率。

(五) 人

会议的营销中的"人"指两个方面:一是办展单位的工作人员,另一是客户。会议业是"高接触度"性质的服务业,会议工作人员的行为在顾客眼里是会议的营销的一部分,作用也和会议的营销人员一样重要,会议业也是个很重视"口碑"传播的行业,客户对会议质量的认知会通过口碑传播,进而影响与他有关的一大批其他客户。所以,与"人"的关系对会议的营销而言非常重要。

(六) 有形展示

就是想方设法将无形的会议服务用可以看得见的有形事物表现出来,让客户对无形的会议服务看得见摸得着。有形展示包括对会议现场环境的布置、会议服务设备的实物装备和一些实体性线索等。所谓实体性线索,是指那些能明白提示客户其享受的服务的质量和提醒顾客其正在享受哪些服务的指示物,如公布会议的广告及推广计划等。

(七) 过程

会议服务的递送过程在会议的营销中也十分重要，态度良好的服务人员能弥补会议中的许多问题，但不能弥补服务流程的缺陷。因为会议运作是一个系统的过程，这个系统是由多方面密切配合协调而成的，会议的运作策略、运作程序、手续、服务中的器械化程度、工作人员的裁量权、顾客参与的程度、咨询与服务的流动性等，都是会议的营销者需要特别关注的事情。如果上述过程有阻滞，会议的营销效果将遭受打击。

(八) 公共关系

会议经济是一种多产业汇合在一起的综合性经济，会议既是一项商业活动，也是一个有大量人员参与的社会活动，公共关系对会议的组织、筹备、开展和服务等多个环节都产生重大影响，很多时候，能否搞好公共关系将直接关系到会议能否如期成功举办。会议业对公共关系的重视程度要高于很多其他产业。

会议的营销要能在成本、环境和竞争者的约束下，将上述八要素有机结合起来，进行科学配置和有效组合，制定出科学的营销策略。①

任务二　酒店会议营销内容

一、分析竞争目标市场

会议的营销主体应该以系统的、动态的观点全面分析宏观环境，寻找目标市场。

首先，通过搜集多种公开信息、内部资料、市场情报或进行市场调查，考察目标市场占有状况、产品利润率大小、消费者对该产品的现实需求量和可能激发的需求量，是否有产品销售的空白市场或潜在市场，市场上是否存在垄断集团等，并由此确定对本会议的营销企业的市场营销有较大影响的竞争对手。

其次，从会议的营销企业的营销目标、经营水平出发，根据市场竞争状况、饱和状况、市场进入的难易程度因素，初步进行产品定位和市场定位。

最后，进行目标市场进入的可行性分析，重点是分析预测竞争给会议业进入不同目标市场带来的预期费用、风险、利润大小等。依据预测的结果，在利润和风险的不同组合中选

---

① 华谦生.会展营销实务[M].杭州：浙江大学出版社，2019：16.

择适合于本会议企业的结合点,以此确定本会议的营销主体竞争性营销的目标市场。

二、市场定位

市场定位就是指企业针对消费者的心理进行营销设计,创立产品、品牌或企业在目标客户心目中的形象或某种特征,在消费者心中的位置,从而取得竞争优势。

市场定位的根本目的就是要在目标客户和潜在顾客心目中创立产品、品牌或企业的良好印象,使本企业与其他企业区分开来,使顾客明显感觉和认识到这种差别,从而在顾客心目中占有特殊的位置,最终获取竞争优势。会议的市场定位的内容通常包括企业定位、产品定位、竞争定位和消费者定位四个方面。

会议的市场定位的关键是企业要设法在自己的产品上找出比竞争者更具有优势的特性。会议的市场定位是指对会议企业形象、会议产品或服务、会议产品目标市场进行定位和设计,从而使其在目标市场中占有独特位置,表现得与众不同而独具特色。会议的营销市场定位的内容主要包括消费者定位、会议企业形象差异化定位、会议产品差异化定位和会议市场竞争定位四个方面。

(一) 消费者定位

消费者定位是一个目标市场选择和确定的过程,主要是确定会议企业的目标顾客群,包括参会者定位。这是会议的营销市场定位的重要内容。

会议企业进行消费者定位时,首先要明确选择目标市场的条件。选择目标市场的条件通常包括:① 目标市场上有足够的市场需求(现实需求/潜在需求);② 目标市场具有一定的购买力;③ 本会议企业有能力满足目标市场对于会议产品和会议服务的需求;④ 在被选的目标市场上,本会议企业具有一定的竞争优势,即拟选择的目标市场上,竞争对手很少或没有,或者本会议企业有能力击败对手,取得较大的市场占有率。

(二) 会议企业形象差异化定位

会议企业形象差异化定位是一种企业定位,是指会议企业通过产品及品牌,在基于消费者需求的基础上,将企业独特的个性、文化和形象,塑造于消费者的心目中,并占据一定位置,以形成对消费者的率先吸引力。会议企业应根据自己的资源优势、制度文化和发展目标,在目标市场上确定本企业的形象,以此吸引目标市场上顾客的关注和理解,并与竞争者相区别。

对于会议企业来说,其企业形象定位可以采取的主要策略包括形象差别化战略,即要借助品牌、标志、媒体等向外界宣传会议企业及其产品的个性特征,通过会议名称、会议企业的情感诉求、价值理念、会议组织方式等方面与竞争者区分开来，创造形象差异，并能为目标市场顾客群体较好地接受。

(三) 会议产品差异化定位

产品定位是指根据产品的质量、成本、性能等特征，在消费者心中的形象和地位。会议企业应该根据市场竞争的特点和本企业的优势，在会议产品和服务中尽可能地做到"人无我有，人有我优"，确定公司或产品在顾客或消费者心目中的形象和地位。从会议产品的类型、档次、成本、特性、权威性等方面来提供差异化的会议产品和服务，以便更好地满足目标市场的顾客需求。

在会议行业中，会议服务作为会议产品整体概念中最为重要产品，是会议产品的核心层，其营销价值是不可低估的。随着产品市场竞争的加剧和人性化、个性化服务需求的日益上升，通过提供贴心的星级会议服务，形成会议企业与产品的服务差异，是会议市场营销产品定位的重要内容。

(四) 会议市场竞争定位

市场定位的实质是竞争定位。会议市场竞争定位就是指会议企业要确定自己相对于竞争者的市场位置，即与竞争者相区别的地方。对于会议企业而言，其竞争定位方式主要有对抗性定位策略、避强定位策略、重新定位策略等。

1. 对抗性定位策略

对抗性定位策略是指与在市场上占据支配地位的，即最强的竞争对手"对着干"来定位。企业选择靠近现有竞争者或与现有竞争者重合的市场位置，去争夺同样的消费者。这种市场定位方式通常存在较大的市场风险。只有当一个会议企业或参会企业相对于其竞争对手来说能提供更好的产品、更专业的服务，会议市场容量足够大，本企业相较于竞争对手资源和实力更雄厚时，才可以使用此竞争策略。

2. 避强定位策略

避强定位策略也叫"见缝插针""拾遗补阙"定位策略。即会议或参会企业回避与目标市场上已经存在的强力竞争者直接对抗，开发并销售目前市场上还没有的会议产品，开拓新的市场领域。这种定位方式能够较快地在市场上站稳脚跟，较易被市场接受，市场风险较小，成功率相对较高。当某潜在会议市场没有被强力竞争者发现，或潜在市场虽已被发现，但其他企业暂时无力占领时，会议或参会企业才可以考虑这种市场竞争定位策略。

3. 重新定位策略

由于会议企业或参会企业自身实力或市场竞争状况发生变化，企业营销的外部环境发生改变,所以会议企业或参会企业有时候需要对自己已有产品的消费市场重新进行定位,或改变自己的产品特色,使目标消费者改变对企业的原有印象,对企业及其新产品有一个重新认识。

会议企业进行市场定位时,应根据自己在市场、产品与服务质量、信息、管理、理念等方面的优势,针对目标市场消费者心理展开定位,通过设计会议公司营销组合行为,努力造就会议企业和产品在消费者心目中的某一特定地位,将本会议企业及会议产品与竞争者区别开来。同时,会议企业进行市场定位时要具有可传达性、动态性;定位要能为目标市场正面接受,能得到目标市场客户的喜欢和信任。

此外,在会议的营销市场定位中,会议企业需要了解和分析目标市场对本企业会议产品和服务的需求和价值理解,在会议产品的名称、价格和包装等方面做文章,给目标顾客留下良好的企业印象,树立良好的企业形象,以吸引更多的参会商,以扩大销售、增加利润。

三、制定营销竞争方案

现代市场的竞争是包括产品的质量、价格、服务以及企业形象的全方位竞争。竞争能力就是企业争取用户、争夺市场的能力。要想在目标市场竞争中取胜,会议企业不仅要努力提供产品和服务质量优异、价格合适、效益良好的会议产品和项目,同时要根据企业自身情况,将市场营销组合的能力水平及其效率与竞争企业相比较,以适时地调整或改进组合。

会议的营销流程如图 8-1 所示。

在开展酒店营销时要注意以下细节。

1. 精细化管理

运用创新的思维不断进行管理创新,谋求酒店的长远发展之计。比如,建立一体化的管理网络,搭建共享信息化平台,从而进行系统的精准化和集约化管理,提高酒店管理效率,使酒店在竞争中立于不败之地。首先,按相关性的强弱把部门分类,使一个基本职能设在一个部门,一个完整流程设在一个部门。其次,避免金字塔式的人力架构,应一人多职多用,调高办事效率。

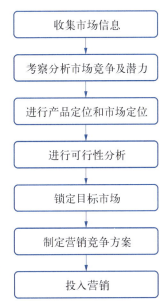

图 8-1 会议的营销流程

2. 丰富酒店文化内涵

酒店要挖掘蕴藏中国传统文化中的丰富文化内涵,开启文化营销方式。比如,举行面向全体员工的"国学、品质"文化系列讲座,建立文化短信平台,成立文化促进委员会。

开展酒店管理师培训、督导层培训、点菜师培训、营养学培训等内功修炼活动,并优化各部门"班前会"。对我国约定俗成的传统会议进行深度开发,在不同的会议中融入不同的文化主题。

3. 多渠道创新营销模式

在信息时代的今天,网络已成为人们之间主要的沟通与交流方式。酒店可以通过互联网改变经营面貌,更全面、清晰、快捷地宣传企业形象。利用线上线下的多种宣传途径,如去哪儿网、艺龙、微信、微博、美团等代理网络及酒店自建网络新型营销模式,给酒店带来更多的客人和利润。杜群研究了如家快捷酒店的营销模式,提出了酒店要想在当今竞争激烈的市场中生存,需靠营销模式的创新,充分利用互联网来进行系统的安排和整体力量的布局。①

拓展与思考

鹭悦会积分奖励计划会员条款及章程

一、欢迎加入鹭悦会积分奖励计划

鹭悦会积分奖励计划 C&D Rewards Club(以下简称"本计划")会员资格及其权益由厦门建发旅游集团股份有限公司(以下简称"建发旅游集团")以及其所属成员酒店(以下简称"建发酒店")全权提供。您在建发酒店可轻松获取和兑换积分,赢取丰厚奖励,享受建发酒店"温馨待客,始终如一"的尊贵礼遇。现有参与本计划的建发酒店包括厦门悦华酒店、泉州悦华酒店、武夷山悦华酒店、福州悦华酒店、厦门海悦山庄酒店、厦门国际会议中心酒店、厦门国际会展酒店、武夷山大红袍山庄酒店、福建鲤鱼洲酒店、厦门宾馆、厦门滨北颐豪酒店、厦门湖里颐豪酒店、厦门翔安颐豪酒店、福州八闽楼颐豪酒店、福州西湖大酒店。厦门建发旅游集团股份有限公司将根据建发酒店发展计划,决定添加或删除参与本计划的酒店名录。

二、鹭悦会积分奖励计划会员资格

本计划中的会员资格适用于本计划所有条款中所指的自然人(即"顾客")需年满18周岁,只能拥有一个本计划会员账户,公司和单位实体不能成为会员。本计划不收取入会费。

三、鹭悦会积分奖励计划概览

为感谢顾客的光临惠顾,鹭悦会积分奖励计划共设计三个会籍级别:贵宾会员

---

① 张咪,陈红云.浅谈新形势下酒店营销策略[J].经济研究导刊,2021(8).

级、白金会员级、钻石会员级。顾客在任一建发酒店前台填写鹭悦会积分奖励计划会员资格书面申请表,或登录建发酒店官网www.cndhotels.com创建账户成功提交,即取得本计划贵宾会员资格。只要在任一建发酒店以合资格房价住宿,入住当日起即可享受诸多会员专属礼遇。顾客在一年内(即365天,从首次合资格房价住宿的入住日期计起,以下同),在建发酒店累计拥有20晚的合资格房价住宿记录,即可升级成为白金会员,享受更多白金会员专属礼遇。顾客在一个年内,在建发酒店累计有50晚的合资格房价住宿记录(或顾客已成为白金会员后的一个年内,再拥有30晚的合资格房价住宿记录),即可升级成为钻石会员,享受更多更高级别的特别权益及礼遇,详见表8-2。

表8-2　鹭悦会积分奖励计划

鹭悦会专属礼遇	会员成功注册后以合资格房价住宿即可	白金会员每年20晚合资格房价住宿	钻石会员每年50晚合资格房价住宿
每1元人民币合资格房价消费获得积分点数	1	1.25	1.5
无住宿日期限制的免费住宿奖励兑换	√	√	√
免费无线网络	√	√	√
享受会员优惠房价	√	√	√
房内配送欢迎水果或欢迎饮品(*顾豪品牌酒店提供酒廊自助水果形式)	√*累计3次或6次晚合资格房价住宿以上	√	√
参与指定的会员活动可获赠额外积分	√	√	√
入住酒店可免费使用指定的康体设施	√	√	√
个人偏好专有档案及提供服务	√	√	√
入住期间恰逢生日免费获赠生日礼遇	√	√	√
免费提前入住/延迟退房(视酒店当日房况而定)	上午11时/下午2时	上午10时/下午3时	上午9时/下午4时
会员首次入住可享受当次免费客房升级体验(视酒店当日房况而定)	√	√	√

(续表)

鹭悦会专属礼遇	会员成功注册后以合资格房价住宿即可	白金会员 每年20晚合资格房价住宿	钻石会员 每年50晚合资格房价住宿
受邀参加鹭悦会会员专属活动		√	√
快速入住及退房服务		√	√
入住时如预订之房型已满，即可免费优先升级至更高一级别客房		√	√

资料来源：https://www.docin.com/p-1487191573.html。

思考：

在鹭悦会积分奖励计划中，酒店会议营销可以借鉴哪些细节？

任务三　酒店会议营销策略

一、传统营销策略

4P营销理论被归结为四个基本策略的组合，即产品（product）、价格（price）、促销（promotion）、渠道（place），由于这四个词的英文字头都是P，再加上策略（strategy），所以简称为"4P's"。会议促销的主要任务是传递会议组织的行为、理念、形象以及组织提供的产品的信息，以引起消费者的注意与兴趣，激发其购买欲望，促成其购买行为。会议促销的手段是宣传与说服，即宣传会议产品或服务知识，说服消费者购买。

（一）采用适当的促销组合

适用于会议的促销要素：直接邮寄、广告、公共关系、电子营销、直接销售、销售促进等。对上述要素应灵活地综合运用：通过直接邮寄这一会议的营销中最有力的沟通工具，成功地吸引参会商和客户；通过广泛的广告宣传为会议营造一种氛围，加大会议宣传的覆盖面，争取更多参会商和客户的参与；通过派人员进行洽谈以及赠送惠顾券、彩票等促销活动，增大会议的营销的成功率。同时，要充分利用互联网技术进行会议的营销活动，使会议更具吸引力。

（二）发挥媒体的宣传作用

应充分利用电视、广播、报刊、街头广告等媒体，并根据各个媒体的特点进行频繁的新闻报道和广泛的宣传，通过及时发布各个会议的筹备、组织、活动等相关信息，既可以吸引更多的参会商和客户，也可以借此扩大会议市场的影响力和感染力，从而提高会议品牌形象和市场地位，并推动会议业的蓬勃发展。

很多发达国家在会议业上取得成功，很大程度上得益于它们对会议的促销活动。因此我们也必须制定集邮件、广告、公关、网络、促销于一体的促销策略，充分利用各种宣传，做广度的促销活动，使得会议更具吸引力。同时发挥媒体的作用，使会议更具影响力和感染力。

二、服务营销策略

提高会议服务意识和服务质量、完善服务内容、增强服务能力是会议企业和会议产品在市场竞争中生存和发展的重要策略。在会议产品性质和规模相近时，谁能提供更专业、更人性化、更高质量的会议服务，谁就拥有更高的会议市场竞争力，就能够吸引更多、更高质量的参会商。

会议组织者首先要提供全方位、系列化的专业会议服务。会议企业要努力满足参会企业在会前准备、会议过程、会后各环节的需求，为参会商提供全方位、多元化的优质服务，提高会议服务效率和服务质量。在服务营销过程中，会议企业要注意会议服务细节，要本着把小事做细做好的原则，在服务细节上狠下功夫，及时处理细小问题，为客户提供贴心、专业、高质量的会议服务。

另外，会议组织者要提供个性化的服务营销，增加个性化的服务内容。会议的个性化服务营销是指在会议的营销活动中，针对每个前来洽谈的客户或经销商的个性化要求，为其"量身定做"产品和提供会议服务，从而最大限度地满足参会商或专业观众需要的一种营销模式。前来参会的客户和经销商由于在民族习惯、居住区域文化、价值观念、个性、兴趣爱好、受教育程度等各方面存在差异，导致他们可能有不同程度的个性化需要。会议企业要积极主动地针对不同参会商和客户的不同要求，提供有创意的、个性化的服务内容最大限度地满足各种客户的不同需求。

三、公共关系营销策略

公共关系营销是会展利用各种传播手段,与包括参会商、会议举办企业、普通大众、政府机构和新闻媒体在内的各方面公众进行沟通,建立良好的社会形象和营销环境的活动。公共关系营销较少是为了直接将展位销售出去,它主要是为了树立会展的良好形象,并希望通过这个良好形象的树立来改善会展的经营环境。

公共关系营销通常可以采用新闻宣传、公共关系广告、社会交往、公益或事件赞助等方式来进行。公共关系营销的传播方式比较多,它可以利用各种媒体传播,也可以是会议自己进行直接传播。公共关系营销对媒体的利用,主要是以新闻报道的形式出现,而不是做广告。公共关系营销的社会公信度一般比较高,更容易被潜在的客户所接受。

公共关系营销的基本着眼点如表 8-3 所示。

表 8-3 公共关系营销的基本着眼点

核心概念	通过与公众进行沟通,建立良好的社会形象和经营环境
营销目标	较少是为了直接将产品销售出去,主要是为了树立会议举办机构和会议的良好形象,并希望通过这个良好形象的树立来改善会议的经营环境
客户关系	比较牢固,竞争者较难破坏
价格	不是竞争手段
营销强调	树立办展机构和会展的良好形象
营销追求	提高会议举办机构和会展的社会公信度,树立良好形象,不追求单项营销支出的回报,着眼于长期利益
市场风险	小
对方企业文化	可以不了解
营销结果	客户基于对办展机构或会展的信赖而与办展机构或会展建立起一种长期的合作关系

四、网络营销策略

网络营销就是利用网络资源展开营销活动,是目标营销、直接营销、分散营销、顾客导向营销、双向互动营销、远程或全球营销、虚拟营销、无纸化交易、顾客参与式营销的综合。网络营销是随着电子商务的发展而发展起来的一种新兴的营销理念和营销方式,是既连接传统营销,又引领和改造传统营销的一种可取形式和有效方法。网络营销飞速发展的实践说明,必须从战略高度预见网络经济的发展和走势,实现网络营销和传统营销的融合互补,以帮助企业赢得市场、商机和财富。

从会议的营销的角度来看,组会商可以通过互联网技术便捷地将会议信息传达给目标市场,利用互联网技术进行会议项目的宣传推广,也可以通过专门网站和现代信息技术实现网上招商、参会席位的预订、贸易洽谈和交流、网上展示、网络在线会议等一系列会议活动,全面实现网上网络会议的全过程。对于参会企业而言,参会商可以通过网络及时发布自己的参会信息和产品信息,也可以通过网络进行企业品牌形象传播,还可以通过网络预定会议,对客户咨询作出及时的回应。网络营销还可以通过网络的互联性增强会议组织者、参会商的合作关系,可以通过 logo 互换、链接等进一步满足双方的利益需求。另外,网上社区的推广还有利于培养稳定的客户群体,让消费者有更多的自主权。

(一) 微信公众号营销

公众号是企业和商家进行广告宣传的重要手段,其能对特定受众传递文字、语音、图片、视频,也能进行互动沟通,是微信平台一大特色。微信公众号技术成熟、门槛低、基本不需要其他成本、传播速度快、时效快、传播符号立体、受众参与度高、互动性强、信息真实有效,且方便二次传播。微信公众平台传播内容涵盖文化娱乐、科技、体育、社会新闻、个人文章等方面。对于酒店会议营销来说,采用微信公众号营销有利于让会议举办商事先对酒店的会议产品进行了解,有助于更好地进行后续其他工作。[①]

微信公众号具有很强的交互性,而酒店也应该利用这个特性维护与现有客户的关系、维护品牌形象进而实现品牌传播目的,将线上的虚拟客户转变为线下的实体客户,双方完成更进一步的互动。酒店需要设置微信客服。建议该酒店设置智能转人工的微信客服。客服一般分为三种:智能客服、人工客服和智能转人工。智能客服可以根据提前设定好的回复或链接实现自动回复和菜单导航,对于一些简单和常用的问题,用户可以通过智能客服快速解决;人工客服需要 24 小时在线,虽然可以解决比较复杂的问题,得到精准的答案,但人工成本过高;智能转人工是比较适合的方式,人机协作,在提供优质服务和降低人工成本之间有一个平衡。

(二) 精准营销策略

1999 年,美国学者莱斯特·伟门首先提出了精准营销的概念。精准营销从字面上来

---

① 张祥爱,梁静仪,宋伟. 基于微信平台的服装网络营销研究现状[J]. 西部皮革,2021,43(18):97-98.

理解就是精确、准确的营销。目前,被业内广泛认同的精准营销概念由我国学者徐海亮提出:"精准营销首先要保证的是界定的准确化,即定位要实现精准化,针对不同对象给予不同的服务,构建契合客户需求的交流和服务体系以此来帮助企业在可预估的低成本范围之内得到实力或者市场领域的拓展。"

研究认为酒店的精准营销可划分为软件和硬件两个类别。会议产品在酒店的硬件设施提升(会议室、会议桌等基本设施)和、软件服务改善(顾客数据分析、个性化服务、个性化营销)都体现了巨大的发展潜力。与会议产品相结合的精准营销的独特之处在于不仅在于用户群体的准确定位,还在于对人性深处的洞悉,满足顾客潜在的深层次需求。

具体体现在两个方面。第一,改善优化现有酒店硬件设施,让顾客在酒店中获得高效、高质量的个性化服务体验。第二,将顾客信息进行收集,了解顾客的消费模式、行为习惯、信用习惯等进行深入分析,挖掘出顾客的潜在需求,预测顾客的个人消费行为和能力,实时调整个性化营销方案,最终实现精准营销、精准导流,解决传统营销模式效率低、行为转化率低的短板。①

(三)短视频营销策略

形式多样的短视频软件为受众开辟了短视频时代,赋予视频新的内涵,美拍、快手等App充斥着人们的生活,因此,大众对此类娱乐性软件产生了依赖感。其中,抖音短视频凭借着明确的受众定位和独特的传播策略受到了广大民众的青睐。海马云大数据调查显示,抖音上整体播放量、获赞量、评论量、转发量占比分别高达88.3%、90.8%、81.8%、91%。抖音不仅在国内引发追捧,其海外版"Tik Tok"借助本地化运营,现已覆盖全球150个国家和地区②③。

短视频在信息传播的途中可以进行信息共享,同时可以根据用户的喜好来进行视频的推送。因此,酒店会议在使用短视频营销时可以快速找到顾客群体。短视频平台本质上是一个社交平台,关系十分广泛,相对于其他营销方式来说,短视频营销不仅传播速度快,而且传播范围更广,且无需投入大量资金就可以达到较好的传播效果。④

(四)社群营销策略

随着新媒体技术的快速发展,网络社交成为人们生活中必不可少的一部分,社群

---

① 陶伟,吴若辰,章婉蓉,等.人工智能时代高星酒店精准营销及其发展趋势研究[J].市场周刊,2020,33(7).
② 张萍.酒店行业发展现状、趋势及对高职人才需求分析[J].科技经济导刊,2019,27(27).
③ 李慧颖.抖音App的传播依赖研究[J].中国报业,2018(2).
④ 陈信任,唐瑞瑶.短视频APP在酒店营销中的价值——以抖音短视频为例[J].现代营销(下旬刊),2020(3).

也在一定程度上影响着人们的生活。社群营销是一种新兴的网络营销模式,通过社群营销有助于实现与消费者之间的情感互动,通过口碑宣传实现社群裂变,形成稳定的客户群。[①] 广泛的受众群体加上社群的聚众性特点,使得民宿老板能够快速地与大家打成一片,从而进行会议的推广及营销,发现并挖掘潜在客户。社群在大家心目中的比重能够直接或间接地影响社群营销的作用,社群的比重越大,社群营销的作用也就越大。

同时,由于疫情的原因,网络会议更将在长期一段时间内成为主流的会议举办方式,会议也开始了线上会议的形式,例如,由于2022年疫情反复,酒旅行业面临雪上加霜的行业困境。如此市场形势下,文旅板块可谓压力与机遇并行,建发旅游集团坚持与危机抗衡、与发展同行,不断探索新的增量渠道。在2021年全面布局线上渠道的基础上,2022年进一步做好全渠道营销,抢占流量高地。立足市场变化趋势,建发旅游集团深化营销变革理念,敏锐迎合市场趋势,坚持初心,强化集团赋能,从产品力,到营销力,服务力,强化口碑营销,做好新赛道流量赋能。2022年度至暑期,"建发酒店抖音旗舰店"创收近1 500万元,直播间曝光超过300万。截至目前,建发旅游集团已有20家成员酒店上线抖音渠道,在抖音上投放逾282款定制化产品。

拓展与思考

在2023年春节期间,厦门国际会议中心酒店在微信公众号推出兔年春节趣玩活动。将新春氛围感拉满,设置超多趣玩打卡点,新春小小厨师秀,亲子互动体验等活动。具体微信公众号的推文如下:

一、开篇画报

酒店2023新春活动微信软文画报见图8-2。

二、周边风景

和家人一起守望新年的第一场海上日出是十分有意义的,因此在所下榻的海景客房或附近的海滩上即可与家人一同欣赏那一抹初阳;人间烟火处,年味最浓时,酒店在正月初一晚设有璀璨风华醉世烟花供客人欣赏(图8-3)。

三、多趣玩打卡点

关于宇宙星河的浩瀚意义,唯有用一颗童心去追随,因此酒店在户外儿童乐园新增宇航员打卡点以供探索;在酒店大堂设有如意门,意为跨过如意门,愿万事如意,前"兔"无量(图8-4、图8-5)。

---

① 只井杰.生鲜农产品社群营销的优势、挑战及对策[J].农业经济,2021(10).

图 8-2　酒店 2023 新春活动微信软文画报

图 8-3　酒店周边风光

图 8-4　厦门国际会议中心酒店大堂如意门图

图 8-5　厦门国际会议中心酒店宇航员体验打卡点

四、亲子互动体验

酒店还举办了亲子互动活动(图 8-6、图 8-7)。

五、酒店产品营销

酒店春节期间公众号自助餐宣传详见图 8-8。

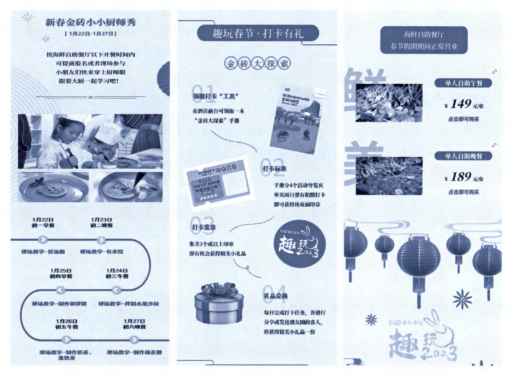

图 8-6　酒店小小厨师秀活动　　图 8-7　酒店趣玩春节金砖大探索打卡活动　　图 8-8　酒店春节期间公众号自助餐宣传

资料来源：https://mp.weixin.qq.com/s/7QgTBW9iK3swXnLHhHnh_g。

思考：

酒店会议如何做好微信公众号营销？

课后思考题

1. 在新媒体背景下，你会采取什么样的酒店会议营销策略？
2. 如果你是酒店的管理人员，如何做好酒店会议产品的精准营销？

项目九
酒店会议危机管理

 学习目标

了解酒店会议危机管理的概念，掌握酒店会议危机的类型。
熟悉酒店会议危机事件产生的原因和特点，掌握酒店会议危机的预防。
了解酒店会议危机管理的原则，掌握酒店会议危机管理的主要对策。
通过该项目学习，树立居安思危意识，增强责任感、职业素养。

 基本概念

酒店会议危机　酒店会议危机管理　酒店会议危机预防　酒店会议危机管理策略

 **案例导入**

酒店会议中的网络故障

一家大型企业选择一家豪华酒店作为其全球年度大会的会场。数百名员工和高级管理人员汇聚在一起参与各种交流活动，分享业务成果、制定新战略。然而，在会议的第一天，酒店经历了突发的网络故障，导致参会人员无法访问并使用互联网、电子邮件和企业内部系统。酒店针对此次危机采取以下应对措施：

一、紧急响应

酒店立即成立了应急小组，由技术人员、会务经理和公关团队组成，以迅速评估问题的严重性程度。

二、信息传递

通过大屏幕、会议应用通知、酒店工作人员和会议组织者,向参会人员传达详细的情况说明,同时向他们提供联系方式以获取实时更新的信息。

三、解决问题

技术团队与酒店合作,尽快定位和解决网络故障。在修复期间,提供备用网络通道,确保关键业务活动的进行。

四、危机沟通

酒店的公关团队制定了危机沟通计划,与会议组织者一起发布正式声明,向媒体和公众说明酒店正在采取的措施,并向参会人员致以诚挚的歉意。

五、持续支持

在问题解决后,酒店为参会人员提供额外的支持和便利,例如延长会议场地的开放时间,提供额外的网络带宽等,以弥补造成的不便。

思考:

1. 在案例当中,我们可以发现会议危机具有什么特点?危机产生的原因有哪些?

2. 该如何面对突发危机,如何进行有效的危机管理?

任务一　酒店会议危机认识

一、酒店会议危机概念

危机对于会议来说是无处不在的。会议是一项参与人员复杂、人流密度较高的公众活动。面对着人流密度高的情况,举办会议不得不考虑参会人员的住宿等生活问题,以及会议的场所、环境问题。会议活动对危机具有较强的敏感度,一旦危机事件的发生,涉及到范围较广,对酒店口碑形象的产生具有重大的影响。

学术界关于危机的定义有多种,每个学者对危机的理解是多样的。

罗森塔尔(Rosenthal)等人认为:危机是对一个社会系统的基本价值和行为准则架构产生严重威胁,并且在时间压力和不确定性极高的情况下,必须对其作出关键决策的事件。

福斯特(Foster)从生态学角度描述了危机情境中的四个显著特征：急需作出决策、缺乏训练有素的人员、严重缺乏物资、应对时间极其有限。

巴顿认为危机是"一个会引致潜在负面影响的具有不确定性大事件，这种事件及其后果可能对组织及其员工、产品、服务、资产和声誉造成巨大的损害"。

苏伟伦认为危机一词是中性的，它表示由于矛盾的激化，企业已经不能按照原有的轨道发展下去；同时新的秩序又没有建立起来。因此出现大量的失控、失范、混乱和无序。这在本质上是旧机制的危机，危机根植于旧机制中，使其运转失灵。整体概括起来，危机是一个引起潜在负面影响的、具有不确定性的大事件，这种事情及其后果可能对组织、人员、产品、服务、资产和声誉造成巨大的损害。

酒店会议危机是在酒店会议产品中产生的危机，酒店会议危机是危机中的一种存在形式，两者具有一定的共性。对于本文来说，酒店会议危机是指酒店会议中影响参会商、专业观众、相关媒体等利益相关主体对会议的信心或扰乱会议组织者继续正常经营的非预期性事件。

二、酒店会议危机事件的特点

（一）突发性

突发性是会议危机的起因性特征。会议危机的发生往往是突然发生的，令人措手不及，并且造成一定程度的损害。危机会影响会议主体对会议的信息，甚至会影响会议的正常运行状态。

（二）广泛性

广泛性是会议危机的影响范围特征。会议危机的影响范围较广，影响范围较多，且具有较快的传播和蔓延速度。

（三）危害性

危害性是会议危机的结果性特征。危机都会对会议造成一定的影响，重大的危机事件往往会导致会议活动的终止，还会带来巨大的经济损失和社会负面信息。

（四）不确定性

不确定性是会议危机的本质性特征。危机事件的暴发一般没有明显的征兆，难以预测。由于会议活动的复杂性，让会议活动增加了许多的不确定性。具体到某项会议活动，组织者很难预料危机何时发生，从何处发起，其危害有多大，范围有多广，持续时间有多长，损失有多少等。危机受到不同因素的影响，增加了会议活动的不确定性。

三、酒店会议危机的类型

根据酒店会议危机的影响内容，把酒店会议危机分为五种类型。

（一）经营危机

经营危机指酒店会议管理措施不当或重大外部事件引发酒店经营遭受损失。例如，2020—2022年的新冠疫情，给全世界酒店业带来了严重的经营危机。

（二）形象危机

形象危机指因为宣传媒体的负面宣传事件而引发的突发性酒店会议危机。例如，在自媒体时代，客户因对酒店服务质量不满而向平台投诉或发短视频曝光，酒店一旦处理不当，便可能会产生舆论风暴。

（三）信誉危机

信誉危机指酒店在会议举办和服务过程中的不当行为造成顾客对酒店整体形象的反感。此类危机大多产生于会议接待服务之后。顾客因不满酒店的会议服务质量而不再续签会议服务合同，顾客不再信任酒店，从而导致酒店产生信誉危机。

（四）文化危机

文化危机指酒店在经营中逐步形成的文化积淀，代表酒店和消费者的利益认知、情感归属，是酒店的企业文化与企业个性形象的总和。

（五）质量危机

质量危机指酒店向参会者提供产品和服务的过程中，由于外部环境影响、内部管理失误等原因引发的产品与服务出现质量问题，造成参会者不满。

四、酒店会议危机的原因

（一）酒店自身

在市场竞争不断加剧的市场环境条件下，建立企业科学的内部运营管理体系，对企业实行有效的管理是企业增强竞争力的主要手段和条件。酒店会议危机产生的成因首先在于酒店自身的问题,包括自律问题、管理问题以及诚信问题。酒店自身的问题是酒店会议危机产生的重要原因。如果酒店企业内部管理不善,将出现经营危机、财务危机和合作危机等。这主要是在酒店会议项目运作过程中,由于举办不善、管理不当、人员分配不合理、激励机制不健全、举办会议机构财力不足以及合作机构失误或中途退出等诸多原因所致,造成管理失控和混乱,陷入困境。

(二) 与会者

随着当今社会的发展,经济的不断发展,各类危机随处可见,这促使着与会者的维权意识、安全意识等都有所提高。与会者危机爆发的原因主要是与会者的身份登记问题,如大量与会者因此原因无法正常参会,就会导致会议危机产生。

(三) 媒体监督

随着社会的持续发展,媒体的自由度以及独立性大大增强,加之网络的飞速更新,社会舆论的监督功能被进一步放大,已经形成了一股不可忽视的可怕力量,这一系列的因素都对现代企业危机的产生创造了条件。近期的很多企业都爆发了危机,其产生的根源就是媒体以及网络。由于媒体的深度挖掘以及网络的飞速传播,使得企业所存在的问题以及危机的爆发根源一步步被放大、揭露。

(四) 国家宏观政策

随着我国制度化和法治化的不断推进,执法监督与国家宏观调控力度日益加大,刚性的约束和量刑的依据日益明确,使得现代企业一旦违规将付出高昂的代价。

任务二　酒店会议危机管理内容

一、酒店会议危机管理概念

对于开展会议的组织或者单位来说,危机事件发生会影响人们对会议活动的信心,对会议活动的生存是致命的打击。所以进行危机管理是十分必要的。会议危机管理针对会议危机做出相关的具有组织、有计划的一系列管理措施和应对策略,能够在危机中发现一定的规律,在危机中寻找相关有利因素,掌握危机处理的方法,加强会议危机管理的有效预防方案,将危机发生时的损失降至最低。

危机管理又名为风险管理,是指如何在一个肯定有风险的环境里把风险减至最低的管理过程。其中包括了对风险的量度、评估和应变策略。理想的危机管理,是一连串排好优先次序的过程,使当中的可以引致最大损失及最可能发生的事情优先处理,而相对风险较低的事情则压后处理。本书对酒店会议危机管理的界定是指酒店为应对会议中出现的各种危机情况所进行的规划决策、动态调整、化解处理及员工训练等活动过程。

二、酒店会议危机管理原则

(一) 防范原则

酒店会议危机管理重在预防。树立危机意识是酒店会议危机管理过程中一个最重要的部分,建立科学、严谨、周密、系统的预防机制是有效控制酒店会议危机的关键。企业中每一个人都要时刻提防危机事件的发生,并在企业内部制定和完善应对危机的方法和预案,并加以演练。酒店会议危机管理需要政府、会议举办方、会展协会等各部门的分工协作,共同努力。酒店应树立危机意识,增强自身抵御会议危机的能力,加强会议的危机公关。建立资源保险系统,当危机事件发生时可以随时使用。不可忽视外界媒体的舆论,酒店在危机事件产生后应充分利用媒体的力量,进行造势宣传,尽快恢复酒店的良好形象。

(二) 迅速原则

快速及时的应对是酒店会议危机管理的一条基本原则,积极则是赢得时间、取得主动的心理动力。在酒店会议危机事件出现时,需要快速反应、积极应对,及时将危机在尽可能短的时间内遏制住。尤其在有关会议参与者及相关者的健康安全问题上,如果不能及时灵敏把握、有效处置,危机产生的后果是难以预测的。危机发生后,必须力争及时解决,向公众媒体公布事件的原委,减少谣言滋生、扩大事态等,给会议组织方造成形象等无形且不可弥补的伤害。

(三) 沟通原则

会议活动往往会积聚很多人数,大型的会议活动甚至是以万计数参与者。危机事件发生的第一时间,应该要及时向参与者及相关者或受害者表示歉意,有必要时可以通过网络媒体对公众发表致歉,积极主动地承担责任,以显示组织活动单位对会议参与者以及相关者或受害者的诚意。赢得会议相关者以及社会公众和舆论的广泛理解和同情,减少受害者的损失。

（四）真实原则

当企业面对危机时，往往会选择掩饰自己的危机，尽量地将自己积极向上的一面展现出来。在人们发现端倪并通过媒体不断放大时，就会导致人们走向错误的轨道，增加公众的好奇、猜忌乃至反感。时间越拖延，越会增加危机的危害力。所以在危机发生时，要开诚布公，让人们了解清楚事情发生的前因后果，有正确的判断。经过企业及媒体的正确引导，消除人们疑虑。只有做到公开信息，坦诚面对公众，才能掌握主动权，积极地将企业名誉危害降至最低。

（五）统一原则

在危机爆发的第一时间，指定新闻发言人、代表，统一对外宣传口径，在实事求是的前提下，确保信息发布的统一性、客观性以及严谨性。如果未统一口径，容易给公众造成掩盖事实的不良印象。

三、酒店危机管理的基本程序

酒店危机管理的基本程序如图 9-1 所示。

图 9-1　酒店会议危机管理基本程序

四、酒店会议危机管理的"4R 理论"

危机管理的 4R 理论由美国危机管理专家危机管理大师罗伯特·希斯（Robert Heath）在《危机管理》一书中率先提出危机管理 4R 模式，即缩减力（reduction）、预备力（readiness）、反应力（response）、恢复力（recovery）四个阶段。《中华人民共和国突发事件应对法》也将应急管理的全过程概括为预防与准备、预警与监测、救援与处置、善后与恢复等四个阶段。该法律也为企业处理危机提供管理依据。企业管理者需要主动将危机管理工作按 4R 模式划分为四个步骤——减少危机的冲击力和影响力，使企业做好应对危机情况的准备，尽力应对已发生的危机，并使企业运营恢复正常状态（图 9-2）。

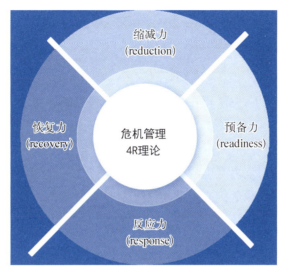

图 9-2　危机管理的 4R 理论模型

(一) 缩减力

缩减力即危机缩减管理,是危机管理的核心内容。通过缩减力管理,在危机发生时可以节约资源、降低风险,防止浪费时间,大大缩减危机的发生及其冲击力。危机缩减管理应主要从环境、构造、系统和人员等四个方面着手。

(二) 预备力

预备力即预警和监视系统。在特定的工作环境有效地监视每个环节运行,一旦发生危机或不正常状况,系统便会发出预警。预警系统的功能主要体现如下:危机始发时能更快应对;保护人和财产;激活危机应对系统(如应急系统)。完善的企业危机预警系统可以很直观地评估和模拟出事故可能造成的灾难结果,以警示相关者做出快速和必要的反应。项目负责人和组织者通过危机预防训练和演练,使项目中得每个员工都能掌握一定的危机处理方法,使企业在面对危机时可以沉着应对。这就是国内外大多数会议、展览等大型活动在策划阶段要完成应急预案的原因。

(三) 反应力

反应力即在危机降临的时候,企业应做出哪些反响策略以应对危机。危机反响管理所涵盖的范围极为广泛,如危机的沟通、媒体管理、决策制定、与利益相关者沟通等,都属于危机反应管理的范畴。首先企业要解决的是如何能够获得更多的时间以应对危机;其次是如何能够更多、更全面地获得真实的信息以便了解危机涉及的程度,为危机的顺畅解决提供依据;最后是在危机产生后,企业如何降低损失,以最小的损失消除危机。

(四) 恢复力

恢复力的内涵有两重:一是指在危机发生并得到控制后着手后续形象恢复和提升;二是指在危机管理完毕后的总结,为今后的危机管理提供经验和支持,防止重蹈覆辙。危机一旦被控制,迅速挽回危机所造成的损失就上升为危机管理的首要工作了。在恢复正常工作前,企业先要对危机产生的影响和后果进行分析,然后制定出针对性地提出恢复方案,使企业能尽快摆脱危机的阴影,恢复以往的正常状态。

任务三　酒店会议危机管理策略

一、酒店会议危机预防

(一) 加强对会议设施设备的把关、安全监测和督查工作

会议中有许多用电、用火的设施设备,用电用火的设施设备的安全问题是比较严重的。一旦设备引起的火灾等都会造成不可磨灭的伤害,应该要引起重视。究其原因,主要是因为设备存在着一定的缺陷,并且在使用电、火的过程中也没有对设施设备提高警惕,使用方式不规范。所以要加强对设施设备的把关,定期对设施设备进行安全监测,提高对其的督查工作。

(二) 完善会议安全管理机制

会议在举办的过程中,会遇到这样或者那样的问题,有许多未曾见过的危机,特别是有关于安全的问题,应该对安全管理机制进行完善。需要制定一定的标准,对会议内的设施设备等进行标准化规定。配备必要的安全设施,设立醒目的安全警示标识,有效地减少各种安全事故。完善安全制度、安全保卫组织和安保人员保障体系,提高设施设备的安全保险系数,提高会议服务人员的素质,为会议参与者提供安全环境。

(三) 加强对会议公司的安全教育及培训工作

加强对会议公司的安全教育,会议服务工作从事者应该要树立危机意识、正确认识

危机,主动承担社会责任,积极参与危机的应对,加强职业培训与学习,掌握相关救护处理技能。加强对会议服务从业者防范危机的技巧,需要进行相关的专业培训,可以通过比赛、考核、演练等方法进行培训。会议服务从事者对危机具有一定的认识和处理能力,能在某些情况下减少或者避免损失,若处理得当,可以把危机消灭在萌芽状态。

(四) 做好危机前的预警系统

预警系统是预防会议危机的前提。有了预警系统才能够更加清楚地知道危机发生的概率和位置,这也为后续的处置提供依据(图 9-3)。可以对会议危机进行预测分析,制定相关的会议危机应急计划,成立会议危机管理区委员会,印制会议危机的管理手册,确定会议危机组织发言人,事先同传播媒介建立联系,建立处理会议危机的关系网,做好会议组织内部的培训工作。

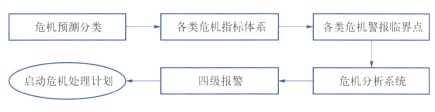

图 9-3　危机前的预警系统

(五) 完善会议保险制度

完善的会议保险制度是顺应会议发展的需要、做好安全事故的善后工作、保障会议活动参与者的合法权益。保险是一种风险转移,通过这一机制,可以让众多的经济单位结合在一起,建立保险基金,共同应对意外事故。面临风险的经济单位,可以把风险转移给保险公司。会议保险的适当投入,可以弥补风险产生的损失。决定会议保险需求的关键是风险评估,在选择保险之前,要弄清楚会议中可能遇到的危机问题。在会议保险中,最受关注的应该是责任范围,应注意责任保险单增加的相关条款。

二、酒店会议危机处理

酒店会议危机处理可分为四个步骤,详见图 9-4。

成立酒店会议危机处理组织　对酒店会议危机进行调查与评估　建立信息传播渠道　运用酒店会议危机处理技巧

图 9-4　酒店会议会危机处理管理流程

(一)成立酒店会议危机处理组织

建立酒店危机处理的组织,有利于酒店在危机发生时,及时有序的做出相对应的措施,能够让酒店会议危机及时地得到处理。酒店会议危机处理组织能够预先做好酒店会议发生的相对应举措,让酒店的工作人员在会议危机出现时做出相对应的反应。提前做好处理措施的预案,能够有效帮助酒店员工在酒店会议危机发生时有效的处理。

(二)对酒店会议危机进行调查与评估

在危机发生时,需要对危机做出调查和评估,根据危机的指数,做出相应的方案。危机具有不同的程度和风险系数,有的危机程度较轻,有的危机程度较重,这要求这酒店必须对酒店会议危机进行调查和评估,只有进行调查和评估,才能进一步的促进酒店会议危机的预防与处理。

(三)建立信息传播渠道

建立相对应的信息传播渠道,在酒店会议危机时,能够及时传播酒店会议危机的相关信息,做好舆论的引导。正确的舆论引导能够减少危机带给酒店的危害。一个酒店要更加注重舆论,从而树立酒店良好的形象。在酒店会议危机处理的过程中,建立相对应的信息传播渠道是很有必要的。

(四)运用酒店会议危机处理技巧

每个酒店都会产生大大小小的危机,酒店会在危机下不断地吸取经验,不断地形成一定的危机处理技巧。这需要酒店在每一次危机发生时都进行相对应的备案,形成危机处理档案册。在危机档案册中可以查找到相对的解决方法,并在之前的方法上不断地吸取经验,形成更加完善的会议危机处理技巧。

三、酒店会议危机恢复管理

在酒店会议危机处理后,需要对酒店会议危机进行恢复管理,以达到维护酒店生存、获得新发展的目的。

危机之后酒店要重塑形象。加强酒店公关弥补形象缺陷,加大促销力度。通过新闻媒体宣传酒店会议危机后的新形象,及时向外界传递酒店恢复的进展,发掘有积极意义的新闻;或者邀请业内的专家、新闻记者来酒店进行实地考察;在酒店网站及时更新有关危机过后的概况,并及时发布那些显示危机过后酒店恢复正常经营的正面信息使酒店的消费者与潜在消费者能够第一时间了解酒店近况,从而提升酒店形象。

酒店会议危机管理评价的原则:真实性原则、客观性原则。

酒店会议危机管理评价的内容:对酒店会议危机预防管理的评价内容、对酒店会议危机处理管理的评价内容。

G20 杭州峰会为外宾提供 14 种语言应急服务

2016 年 9 月,G20 峰会在杭州召开,为减少语言交流障碍,峰会开通了多种语言服务平台——96020,提供 14 种语言的即时口译服务。

记者从峰会多语平台工作组获悉,该平台实行 24 h 运行,涵盖峰会所有参会包括 C20 成员和嘉宾国)和国际组织的官方语言,如英语、日语、法语、西班牙语等。

该平台已实现与 110、114、119、120 等公共服务热线的对接,对服务沟通过程实时整译,小到订餐、订高铁票、查询航班,大到遭遇紧急险情,外国客人都可以拨打96020 热线,寻求帮助。此外,该平台提供峰会会务专项服务,可以由 96020 转接到峰会相关职能部门,以三方通话形式进行沟通解答。

该平台还提供了双手柄翻译电话,作为三方通话翻译服务的媒介。峰会期间,各场馆、酒店、机场、火车站等地均放置了双手柄翻译电话,便于外籍参会人员寻求即时翻译。

据了解,平台设译员座席 60 席,翻译人员 248 名,参与此次翻译服务的译员中部分具相关翻译工作经验,多人曾为北京奥运会、APEC 会议、南京青奥会等提供过专业服务。多语平台工作组负责人表示,峰会结束后,96020 热线将视情况形成常态化运行机,继续服务来杭外籍人士,打造成杭州城市国际化的一个窗口,助推城市国际化进程。

思考:

酒店会议活动最大的特点是人流量大、人群密度高、受关注程度强。由于这些特点,安全问题一直是酒店会议管理的重点与难点。好的酒店会议危机管理应建立在预防、控制、识别和报告等概念之上。在酒店会议市场规模大发展的背景下,面对危机管理,酒店如何建立有效的预警机制?

课后思考题

1. 酒店会议危机具有什么特点？危机产生的原因有哪些？
2. 酒店举办会议时，该如何面对突发危机，如何进行有效的危机管理？

项目十
会议服务创新

学习目标

知识目标：了解并学习数字化会议服务特点；掌握数字经济背景下会议服务创新；展望数字经济背景下会议服务未来的发展趋势。

能力目标：熟练掌握数字技术并将数字技术应用于会议服务过程中。

思政目标：将宪法法治教育融入会议服务的学习中；将中华优秀传统文化教育融入会议服务项目运营选题中；社会主义核心价值观教育融入日常教学中。

基本概念

数字经济　数字化会议服务　智能数字会议系统

案例导入

2022年4月7日，由中国国际贸易促进委员会、新加坡律政部、国际商事争端预防与解决组织共同主办的第二届中国—新加坡国际商事争议解决论坛成功举办，论坛采用"线上+线下"相结合的形式举行，厦门海悦山庄酒店设主会场，北京、新加坡设分会场，有120多万人次在线参会。

中国贸促会会长任鸿斌，新加坡文化、社区及青年部长兼律政部第二部长唐振辉，福建省委副书记、政法委书记、海丝中央法务区建设工作领导小组组长罗东川，新加坡驻华大使吕德耀，省委常委、厦门市委书记、海丝中央法务区建设工作厦门领导小组组长崔永辉等出席开幕式并致辞。

会议以"国际商事争议解决的发展与未来"为主题，聚焦探讨疫情下商业投资和经济合作争议机制的最新发展,助力"一带一路"建设,促进中国与新加坡国际商事法律领域的合作与发展。

资料来源:https://baijiahao.baidu.com/s?id=1729529630034705938&wfr=spider&for=pc。

思考:

第一届中国——新加坡国际商事争议解决论坛于2019年1月24日在北京线下举办。讨论:第二届中国—新加坡国际商事争议解决论坛有何服务特点及创新点?

任务一 数字化会议服务特点

会议服务本身具有高端性、无形性、相对有形性以及弹性化的特点。发展数字经济,不仅有利于改造提升传统会议产业、提高经济效率,更重要的是能够促进新一代信息技术与经济社会各领域深度融合,孕育新产业、新业态、新模式,为会议产业转型升级开辟新路径。因此,在数字经济发展的背景之下,会议服务又呈现出以下特点。

一、会议服务技术化

会议服务技术化指的是在数字经济背景下,云计算、大数据、人工智能、工业互联网、区块链等关键数字技术都能应用到会议服务中。通过对技术与会议服务行业的支持,将数字服务要素与传统服务要素进行深度融合,使先进的数字技术投入到会议服务环节,不断优化会议服务要素,提高会议服务质量。

数字技术赋能传统会议服务也称为会议服务数字化。数字技术具有高渗透性,物联网、大数据、云计算、人工智能等技术可以渗透到传统会议服务以及生活消费的各个环节,从而提升传统会议服务的数字化水平,提高服务效率。

当下,会议服务形式和现代科学技术相结合,实现会议服务技术化,给会议参与各方提供更好的视觉感受和现场体验(图10-1)。

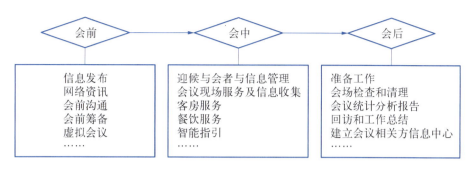

图 10-1 新技术在会议服务中的应用

(一) 全息投影技术

全息投影技术(front-projected holographic display)也称虚拟成像技术,是利用干涉和衍射原理记录并再现物体真实的三维图像技术,大体上分为三种:空气投影和交互技术、激光束投射实体的 3D 影像、360°全息显示屏技术。全息投影技术不仅可以产生立体的空中幻象,还可以使幻象表演者产生互动,一起完成表演,产生令人震撼的演出效果。例如,2019 年 7 月 12 日,在北京国家会议中心举行的第十六届心脏影像与心脏干预大会开幕式,首次通过全息远程技术以全息音像的方式发来穿越时空的问候。如果能很好地利用全息投影技术,会带来会议服务形式的重大变革。

(二) 虚拟现实技术

虚拟现实技术(virtual reality,VR)是一种可以创建和体验虚拟世界的计算机仿真系统,它利用计算机模拟来创建一个三维虚拟世界,是一种多源信息交互式融合的三维动态视频和实体行为的仿真,使用户沉浸到该环境中。理想的虚拟现实技术应该具有一切人所具有的感知功能。目前 VR 技术在军事、医学、教育、设计、艺术、娱乐多领域都得到了广泛应用。在会议服务领域,可视化和虚拟显示技术合作将成为企业数字会议系统的核心功能之一。大多数跨国集团与分支机构较多的企业在使用数字会议系统时,除了会议功能外,使用最为频繁的将是虚拟合作,如远程项目管理、客户服务、技术培训等,这种应用在知识型企业中尤为明显。

(三) 增强现实技术

增强现实(augmented reality,AR)技术是基于虚拟现实技术发展起来的,是一种实时地计算摄影机影像的位置及角度并加上相应图像、视频、3D 模型的技术,这种技术的目标是在屏幕上把模拟世界套在现实世界并进行互动,具有虚实结合和实时交互的特点。简言之,增强现实技术是指用户可以通过使用手机程序查看他人肉眼无法看到的能力。随着 AR 技术的不断成熟,它也逐渐开始被运用到会议等现场活动中,与虚拟现实相比,增强现实的另一个优点是会议中应用门槛低,用户只需下载该场会议对应的手机应用,就可以体验增强现实,而虚拟现实则需额外借助 VR 眼镜。2019 年 12 月 7—10 日举行的万豪国际合作伙伴会议(CPC),第一次在会议中使用 AR 技术,会上讨论了增强现实技术的发展,如何在会议服务中应用及为何成为未来会议上的主流技术等问题。

(四)介导现实技术

介导现实(mediated reality,MR)技术是由"智能硬件之父"多伦多大学教授史蒂夫·曼恩(Steve Mann)提出的,他认为智能硬件最后都会从 AR 技术逐步向 MR 技术过渡。VR 是纯虚拟数字画面,而 AR 在虚拟数字画面加上裸眼现实,MR 是数字化现实加上虚拟数字画面。MR 技术结合 VR 与 AR 的优势,能够更好地将 AR 技术体现出来,从而实现比 AR、VR 更广泛的应用。

二、会议服务智能化

会议服务智能化指的是在会议服务过程中逐渐增加对智能技术的应用。相对传统媒体,智能化是建立在数据化基础上媒体功能的全面升华。它意味着新媒体能通过智能技术的应用,逐步具备类似于人类的感知能力、记忆和思维能力、学习能力、自适应能力和行为决策能力,在各种场景中,以人类的需求为中心,能动地感知外界事物,按照与人类思维模式相近的方式和给定的知识与规则,通过数据的处理和反馈,对随机性的外部环境做出决策并付诸行动。①

智能数字会议系统实现了数字会议系统与中央控制系统的无缝连接,整合了包括音响扩声系统、会议系统、多媒体视频系统以及网络视频会议系统等多个子系统;在无线触摸屏操控下,通过中央集成控制系统将以上各个子系统与整个会议环境有机结合为一个整体,实现了指挥的智能化管理。采用先进的多媒体技术,体现智能性、声像保真、集中化控制、多功能应用。整个智能数字会议系统包括以下子系统,详见图 10-2。

(一)无线遥控中央控制系统

全自动智能化设备中央集中控制系统可通过触摸式有线/无线液晶显示控制屏对几乎所有的电器设备进行控制,包括投影仪、屏幕升降系统、影音设备、信号切换系统,以及

---

① 程栋.智能时代新媒体概论[M].北京:清华大学出版社,2019:26-27.

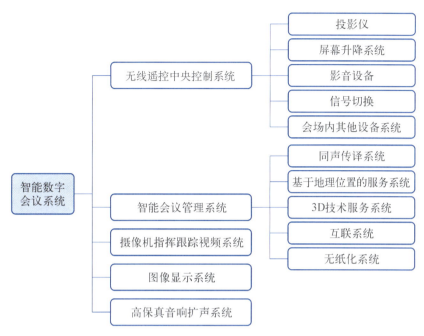

图 10-2　智能数字会议系统

会场内的灯光照明、系统调光、音量调节等(图 10-2)。简单明确的中文界面,只需用手轻触触摸屏上相应的界面,系统就会自动帮你实现你所想做的功能,不仅能控制 DVD 录像的播放、快进、快倒、暂停、选曲等功能,而且可以控制投影机的开关、信号的切换,还有屏幕升降、灯光调节和开关等功能,免去了复杂而数量繁多的遥控器。系统在视频显示上,依托音/视频矩阵切换器对输入的各视频信号进行统一的调配和编组处理。多媒体指挥中心有多种的多媒体信号,合理、灵活地分配多媒体资源以保证会议正常召开,在会议室中有多种不同的图像资源和显示资源,需要合理分配图像资源在适当的显示设备上显示,和对应声音的一致播放。

(二) 智能会议管理系统

由于会议室的计算机多媒体系统、视频系统与声、光、像、电智能集中控制系统同在一个使用空间,为了保证系统的整体性,将以上各系统进行整体设计。

1. 同声传译系统

为会议配备智能化同声传译系统。注意两点:一是在会议客人具有相关会议设施设备使用知识以及经验的情况下,一般会议组织者会向酒店提出需要并希望酒店给予满足;二是如果会议客人缺乏相关知识和经验,酒店就应该根据活动的性质、规模等主动与会议组织者、相关技术人员沟通相关设施设备的使用,以保证会议活动的最佳效果。另外，酒店也应该根据目标会议客户的特点给予合理的设计和改造。

2. 基于地理位置的服务系统

所谓基于地理位置的服务系统，是指在每一场会议的间歇结束前 5 分钟，参会者的手机上便会收到一个通知，内容是调研与回复，并可以实时参与本场会议内容的反馈。其次，移动终端还将提供参会时所获得的积分显示，并根据积分领取相应的礼品、餐券或其他奖励。这便是会议业发展趋势中一款全新理念的产品，移动及基于地理位置的服务。

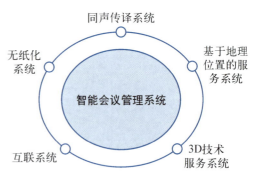

图 10-3　智能会议管理系统

移动技术可以让参会者享受到更便捷的会议服务与乐趣。移动技术能起到很好的引导作用，并与会场地图服务相结合，通过地图导航，把参会者带到下一个需要到达的区域。

3. 3D 技术服务系统

这项技术主要体现在会场云地图的导航服务中，3D 呈现出最为直观的视觉效果图，让参会者尽快熟悉会场环境，以及自己的座次和其他参会者的座位信息、各项会务的标志牌以及会场所在位置。

4. 互联系统

目前在国内已经有很多、很完善的会议系统。现如今，人们已经习惯在网上进行产品的买卖。在过去，做会议活动采购是一个非常烦琐复杂的过程，客户要亲自跑到现场了解情况。当更多场地信息出现在互联网上，客户便可进行直采并付费。这种 B2C 支付在未来将会更完善。

5. 无纸化系统

在开会前，参会人的信息均可在会议 APP 上得到。因此，现场便没有人再通过传统的交换名片的方式来获取对方的信息。目前，这种技术手段在国内会议的运用上也已成熟。

（三）摄像机指挥跟踪视频系统

自动跟踪摄像系统可为会议提供高质量的现场视频图像信号资源。它能通过数字发言系统激活，在无人操作的情况下准确、快速地对发言人进行特写。其采集到的信号可输出给大屏幕投影系统及远程视频会议系统。

(四) 图像显示系统

图像显示系统是针对监控调度、军事作战指挥、网管中心、多媒体会议室等领域的信息显示需求而设计，它能够集中显示来自计算机、视频和网络等多种不同信号源的信号，以满足用户大面积显示各种共享信息和综合信息的需求。

(五) 高保真音响扩声系统

扩声系统包括扩声设备和声场组成，主要包括声源和它周围的声环境，把声音转变为电信号的话筒，放大信号并对信号加工的设备、传输线，把信号转变为声信号的扬声器和听众区的声学环境。

三、服务范围扩大化

随着消费者的需求不断变化和竞争对手的不断出现，数字经济的产品和服务，更新周期将越来越快。会议服务提供方必须以更快的速度对市场做出反应、以最好的办法对服务进行调整。不是所有会议的数字化转型都要亲力亲为，而是可以通过数字企业提供的服务和帮助完成的，这样就可以使会议服务范围摆脱条件限制、不断扩大。

会议服务范围扩大，主要包括两个方面，一个是远程服务，远程服务可以使与会人员足不出户即可"亲临"世界任何角落，实现白天"亲晤"全球各地与会人员，晚上与家人共享天伦之乐，亦可同时出席多个点到点会议和多点会议；一个是现场服务，通过数字技术实现在会议活动现场执行过程中的信息采集与数据整理，包括现场签到、3D打印等技术，可以提升每位与会人员的体验，还能汇聚活动过程中产生的数据，最终为会议承办方和会议组织者提供闭环服务，从而与会议主办方共同创造价值。

此外，从信息系统或者管理系统角度来讲，数字技术给会议活动带来的就是建设思路或者系统服务思路的变化。第一，将线下与现场的服务通过线上进行，实现服务流程标准化、过程透明化、数据流转规范化，提供线上活动项目管理工具；第二，通过一个综合的服务平台把服务单次会议的整个技术串联在一起，实现信息集团化共享多板块协同工作，多系统标准接口实现不同业务、管理系统的相互联通，提供系统级整合服务。第一个层级解决的是点的问题，第二个层级解决的是线的问题，第三个层级就是要解决面的问题，就是将产业部分渠道集上下游各方形成一个广泛的连接，共同的服务于会议产业。在这个目标的指导下，就产生了一个很重要的整合概念。整合通过三个维度来进行体现。首先,纵向来讲就是将服务于单个活动的这些系统进行整合。其次,横向来讲是互联互通,甚至跨界到其他营销。最后,从深度来讲,就是对一些会议资源进行共享。

任务二　数字化会议服务创新

根据 ICCA 统计,在 2020 年计划举行的所有会议中,以技术为主题的虚拟会议(48%)和混合会议(3%)的比例最高。与其他协会相比,组织技术会议的协会已经拥有更多的基础设施和/或主办虚拟/混合会议的技术。由于虚拟会议和线上线下举办的会议比例较高,这些技术协会的会议延续率最高,未受影响的会议占到了 9%、虚拟会议则为 48%,重新选择地方举办的会议为 1%,线上线下举行的会议为 3%,这四类方式的会议总量共占 61%。在技术协会之后,组织以教育为主题的会议的协会的虚拟会议比例第二高,约占 32%。

由此看来,数字化会议服务创新势在必行。数字经济背景下会议服务创新关键在于服务环节的优化升级,将数字技术加持于传统服务方式,可以加速会议服务领域的数字化进程。以信息技术为主的数字化技术与传统会议服务深度融合,会议活动中的各个环节得以升级改造,不仅提高了资源的配置效率,还优化了经济结构。同时,数字技术以大数据技术为载体,通过精准捕捉用户需求,提前进行市场调查和布局,大大提升了消费体验和服务满足感,拉近了供给端与消费端的界限,使得服务端与消费端的结构都进一步转型升级。

一、会议服务模式创新

(一) 会议目的地创新

会议目的地越来越综合化,更多地考虑到目的地的数字经济发展现状,内容也更加融合了会议、展览、商务、文旅、体育等各大门类。

(二) 会议组织创新

会议组织更加专业化,广泛运用网络信息技术在会议服务过程中采用新模式新手段。

(三)会议场景创新

高效的场景一定是高转化率、高连接度,具体来讲,会议主办方要为与会专家、观众去提供高效的场景,客户是变革的动力,客户需要发生什么样的转变,就要设计匹配的产业和会议,没有高质量的与会人员,就没有好的会议。

(四)内容营销创新

会议组织方要更多地去进行协同,要和与会人员或是行业专家进行更多共创,增强客户的体验和创意,具体来讲,是要整合各种传播渠道;列出所有接触点的清单,并评估客户旅程中的每个接触点,来确定痛点,明确在哪个环节最能够打动客户;要尽可能地去个性化,要给用户潜在的与会人员、客户等贴上标签,或者说给他们一些更加个性化的关联。

二、会议服务流程创新

会议活动现场的数字会务技术,往往不是独立存在的,在互联网思维下可以形成整个服务的闭环。从活动的策划阶段来讲,它可以影响活动决策,如根据技术选择参会人的范围以及制定相应的营销方案。在筹备阶段,可通过技术手段来进行人员的培训、方案的筛选、采购的管理。在发布阶段会议活动进行信息发布的时候又可以采用很多新媒体微信微博,进行活动项目的预热和宣传。在报名阶段,可以使用 App 收集与会人员信息,运用场景技术来进行签到和参会互动。

全套数字会务系统的应用,最终体现出来的是参会者在会场各个环节产生的行为数据。这包括参会过程中的数据、会议执行过程中的数据。通过整合这些数据,为客户下一次的活动方式提供决策支持与数据支持。这把服务方提供的服务产品串联在一起,形成一个真正的服务型闭环。例如,从报名形成的基础数据到现场形成的现场数据,配合航班签到形成这些数据,再加上现场互动的信息,还有管理过程中产生的一些数据,会形成项目整体的数据框架。这个框架给会议管理及现场的执行起到了关键的参考。而形成这个数据框架的前提是基于互联网技术的应用。互联网技术的特点给数据收集带来帮助之外,更大的价值在于互联、链接各端的关系。

从会议服务流程角度看,会议服务过程中所产生的数据可以通过数字技术进行分析,出现问题及时预判,并对会议服务流程进行全周期监督管理,从而大大降低服务风险。通常会议服务包括会议前、会中以及会后的各项服务和管理工作,在数字经济背景下高端会议服务创新将基于伍德拉夫(Woodruff)的客户价值认知理论以及客户价值层次模型而构建,详见图 10-4。

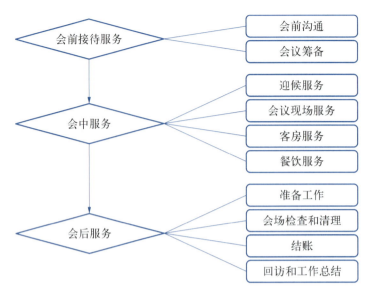

图 10-4　基于客户价值认知理论的会议服务流程图

（资料来源：Woodruff R B. Customer value：The next source for competitive advantage [J]. Journal of the Academy of Marketing Science，1997(5)）

（一）会前接待服务

会前接待服务是会议举办的准备环节，包括与会议有关的各种筹备工作、按照主办方要求设计、布置会场等。在数字经济背景下，要根据会议的特点和要求向组织者提供会场、客房以及餐饮等相关会议产品的信息，通过与组织者反复沟通和协调制定会议接待方案，利用各种新兴技术提供创新服务。例如，在安排会议时间、人数、会议标识的设计与制作、会议用餐、会议住宿以及会场布置等环节，采用新数字技术赋能的便利性办公系统，利用 AR、VR 等技术提高沟通效率，削减不必要的差旅费用。

同时需要市场销售部人员、会议部的管理负责人以及会议主办方的策划负责人临时建立一个"三位一体"会务组，通过采用数字技术来高效率完成会议从会前接待、会议召开直至会议结束的各项管理和服务工作。

会场设计与布置环节也会出现明显创新性变化，例如，会议桌的摆放与布置、会议台面布置会场外的布置都可以使用到相关数字技术。会前除了常规检查，还会对数字技术系统进行验查，并且还要进行多次演练，以保证与会议相关的各项系统正常运行，尽量减少因技术原因而在开会期间产生问题。

（二）会中服务

会中服务作为会议举办期间的实战过程，更应时刻关注各项数字技术系统的正常运行,保证会议服务减少差错发生。

迎候服务环节中,除了有传统会议应该具备的礼仪服务,还会增加智能机器人、虚拟设备等数字技术来帮助会议主办方办理参会人员签到手续,引领参会人员,尤其是VIP客人进入会议厅(或线上会议室),让参会人员快速对号入座(及时上线)。

会议现场服务环节中,在传统会议现场服务基础上,数字经济背景下会议服务,除了线下服务人员,还会使用相应数字技术进行线上线下服务,此时,要求主管或会议经理做好相应现场管理,保证现场服务质量。

参会客人私人物品的寄存服务环节,会议与会客人私人物品的寄存服务,将会更加智能化、便利化、安全化,保证参会客人财物安全与存取便利。

(三) 会后服务

会议接待要做到善始善终,保持会议接待工作的完整性及会议服务的一致性,数字经济背景下,会后服务也包括会议结束前的各项准备工作环节、会场的检查和清理工作环节、会议回访工作及总结环节。

会议服务人员可以通过数字技术清楚把握并安排会议结束之前要做好的各项准备工作。包括,通过中央控制系统确定会议结束后参会客人的行走路线,并确保各线路畅通无阻,确定VIP的离场程序及VIP客户小组;通过数字技术可以加强与会务服务相关岗位的紧密联系,以把控局面。

会场的检查和清理工作环节,管理人员和服务人员通过智能系统设备帮助彻底检查,包括与会客人遗留物的检查以及会议相关设施设备的检查与关闭工作等等。

会议回访工作及总结环节,会议经理亲自与会议组织者进行交谈,深层次了解本次会议中各项会议服务与管理的不足,并通过相关数字技术系统录入相关信息,打造个性化服务,为客人带来"满意+惊喜"的服务效果,以保持会议客人良好的回头率。

任务三 数字化会议服务趋势

平台经济下数字化能量得以不断释放,新的商业模式和会议产业平台重构了产业生态,产业的创新能力也在不断提高,从而推动了传统会议服务产业的变革与经济增长方式的转变。从产品制定角度看,数字技术可以更快速精准地通过客户搜索与咨询数据,对消费端的需求进行大数据分析,更及时准确地掌握市场需求,从而定制出符合市场需求的产品与服务，不仅更好地满足了消费者的需求，也为会议服务行业的长远发展带来了新的机遇。

数字经济背景下，会议服务智能化是不断在进步与发展的，未来的趋势应该是创意和本地服务，这将成为会议服务行业的竞争差异和优势。在办会的整个过程中，创意和实质的内容将会成为最大的竞争优势。另外一个无法取代的就是本地服务的特殊性。会议服务细致化、标准化体系的建立，线上的透明与线下的畅通，均是差异化竞争的条件。因此，积极融合新科技、新技术产品到会务活动中，将是会议产业可持续发展的主要方向。数字化会议服务趋势具体表现在以下几方面。

一、技术服务趋势

随着社会科技的发展，人们对居住环境的要求也日益多样化。无论在什么季节，无论什么时候，都不用担心节日是否可以回家过节。不管距离多么遥远，都可以按照自己的步调走到一起。从全息投影技术的发展可以看出，高科技将应用于未来生活的方方面面。特别是在环境设计的应用中，它对环境设计的发展具有重要的突破意义。

VR和AR的融合趋势已初露端倪。一方面，轻量级AR开始在视角扩大的进程中向着中量级AR靠拢；另一方面，像The Void一样的体验馆，将现实环境的几何结构融入VR体验中，使得VR向重量级AR转变。这种转变的趋势，实际上就是数字化的视觉交互程度越来越强，最终的趋势便是MR成为主流的人机交互方式。

二、数字化管理趋势

会议集中管理平台，一站式流程管理，从创建、审批、推广、设置，到现场管理，轻松获取活动报名者的参会信息，会议软件内支持查看、审核和导出等操作，提高市场营销人员的工作效率，实时查看用户数据状态和活动流程情况，提高活动会议的可见度，实时安排对应策略。

（一）注册报名

提供定制化报名表单，灵活设置必填和选填项，轻松获取活动报名者的参会信息，支持查看、审核和导出等操作，便于统计分析整理，也为活动后续进行客户挖掘、跟踪和转化打下基础。

（二）会议营销

会议软件完成数字化营销方式取代了传统纸质宣传方式，持续发掘线上线下场景，应用微站、电子约请函、电子签到、H5、公众号、小程序、参会者管理等新型活动管理工具，多场景挖掘潜在客户，追踪参会者信息和触点，完善用户画像，扩大会议的宣传范围，加强品牌知名度。

（三）现场管理

现场签到往往是让会议组织方比较头疼的环节，传统的签到存在准备工作繁杂、签到统计工作量大、数据汇总不及时、有人代签到等问题。目前的电子签到系统有二维码签到、刷脸签到、定位签到等多种方式。在数字经济背景下，未来还将会产生更新型的电子签到方式，签到形式随需、签到进度随时看，扫描签到3秒内完成，极速完成入场的身份核验，适用于现场签到、接机、分房、就餐等多种场景。

现场互动游戏可以有效提升会议现场的气氛，增强参会体验。与传统模式的现场互动不同，数字经济背景下，数字化现场互动凭借便捷的线上操作和多样化的互动形式，有效提升互动效果。现场游戏可以在大屏界面显示，实时展示游戏进程，掀起高潮，如线上拔河、答题、赛跑等。同时还有创意抽奖、红包雨、摇一摇等抽奖模式，可以结合实际应用场景进行灵活选择。

三、数字化会议分析

"数字化"作为未来不可阻挡的发展趋势潮流，办会者们也要紧跟时代步伐，利用数字化会议来进一步提升办会体验与效率。将宣传、注册、签到、问卷、投票、互动等数据实时记录在后台中，一键即可查看。多维度数据报表量化活动效果，深度分析与会人员行为，便于后期的总结。

与传统线下会议不同的是，数字化会议具有以下几个特点：

① 数字化：通过数据的收集，再到数据的分析，将会议活动信息全程数字化，并可根据数据分析，及时了解会议活动所达到的效果，及时做好解决方案。

② 网格模块化：用户获取到资讯更多元化，可以线下、可线上；可视频、可图文、可语音。

③ 用户分享：用户可以不受时间和地域的限制分享各种观点，用户可以得到自己需要的信息也可以发布自己的观点。

④ 以兴趣为聚合点的社群：会议活动是针对某个或者某些问题感兴趣的群体，可以说，在无形中已经产生了细分市场，形成一定的社群。

⑤ 开放的平台，活跃的用户：平台对于用户来说是开放的，而且用户因为兴趣而保

持比较高的忠诚度,他们会积极地参与其中。

数字化能有效分析活动最终效果并提供对应解决方案。数字会议分析,已经改变了传统的会议模式并带来了深刻的变革,相信随着现代通信技术和计算机技术的进一步发展和融合,它将会渗透到社会生活的各个领域,发挥越来越重要的作用。

四、低碳化会议服务趋势

2021年2月国务院发布的《关于加快建立健全绿色低碳循环发展经济体系的指导意见》(国发〔2021〕4号)要求"推进会展业绿色发展,指导制定行业相关绿色标准,推动办展设施循环使用。"

在数字经济背景下,绿色会议也将会成为会议行业的一个新趋势。所谓绿色会议,就是在整个会议过程的各个环节,都要考虑到对环境的保护,减少对环境的负面影响。例如,从发起会议开始至会议结束阶段,尽量使用电子通信,而不是印刷品。也可以设置电子登记系统,允许参与者提交表格和图片。

如今,线上线下深度融合已经成为必然趋势,数字会议作为重要的会议模式,正逐渐成为业内的主流形态。在该领域有丰富经验的数字化活动,从洞悉客户需求的角度入手,将带大家走进"数字会议"的世界。

拓展与思考

2021年8月2日下午,首届全球数字经济大会在北京国家会议中心开幕。大会由北京市人民政府、国家发展和改革委员会、工业和信息化部、商务部、国家互联网信息办公室共同主办。"2021北京数字经济体验周"系列活动于7月26日—8月1日正式举办。体验周系列活动下设四大板块,包括数字经济场景开放日、数字技术大体验、数字经济网红打卡地探访、数字生活消费体验。体验周为期一周,目的在于邀请北京广大市民体验数字经济的前沿创新和发展成果,与大会形成"高峰论坛+落地普及"双互动。数字经济场景开放日涵盖智慧城市数字治理、数字化出行、数字化智能制造、数字金融、面向碳中和的数字新能源、数字行业解决方案、数字广电、云计算、人工智能、北斗卫星导航、超级计算、无人自动驾驶、信息消费等领域。

资料来源:http://www.gov.cn/xinwen/2021-08/02/content_5629076.html。

思考:

2021年首届全球数字经济大会能为会议服务领域带来哪些创新体验?

 **课后思考题**

1. 如何理解数字化背景下会议服务创新？如何把握未来会议服务发展新趋势？

2. 基于哲学"事物总具有两面性，既对立又统一"的思辨角度，思考建发集团在数字化背景下的会议服务发展方向与目标。

 # 参考文献

[1] 陈泽炎.关于会议品牌的一些思考[J].中国会展(中国会议),2018(12).

[2] 王丹谊.会展式广告传播与品牌形象塑造[J].科技传播,2013,5(12).

[3] 华谦生.会展营销实务[M].杭州:浙江大学出版社,2019.

[4] 张咪,陈红云.浅谈新形势下酒店营销策略[J].经济研究导刊,2021(8).

[5] 张祥爱,梁静仪,宋伟.基于微信平台的服装网络营销研究现状[J].西部皮革,2021,43(18).

[6] 陶伟,吴若辰,章婉蓉,黄楚涵,梁锦蓉.人工智能时代高星酒店精准营销及其发展趋势研究[J].市场周刊,2020,33(7).

[7] 张萍.酒店行业发展现状、趋势及对高职人才需求分析[J].科技经济导刊,2019(27).

[8] 李慧颖.抖音 APP 的传播依赖研究[J].中国报业,2018(2).

[9] 陈信任,唐瑞瑶.短视频 App 在酒店营销中的价值——以抖音短视频为例[J].现代营销(下旬刊),2020(3).

[10] 只井杰.生鲜农产品社群营销的优势、挑战及对策[J].农业经济,2021(10).

[11] 庞华,麻松,安婷.会展服务[M].北京:高等教育出版社,2019.

[12] 程栋.智能时代新媒体概论[M].北京:清华大学出版社,2019.

[13] WOODRUFF R B. Customer value: the next source for competitive advantage[J]. Journal of the Academy of Marketing Science,1997(5).

[14] 顾文静,刘楼.金融、科技、产业融合,推动粤港澳大湾区经济发展——"2018 湾区经济发展国际论坛"会议综述[J].广东财经大学学报. 2018,33(5).

[15] 裴超.借力而行 解析全域旅游对促进会议经济带来的作用[J].中国会展(中国会议).2018(20).

[16] 赵艳丰.酒店会议服务的优化(中)三大创新吸引顾客[J].中国会展(中国会议).2017(6).

[17] 赵春霞.会展概论[M]北京:对外经贸大学出版社,2007.

[18] 童星.应急管理研究的理论模型构建方法[J].阅江学刊.2023(1).

图书在版编目(CIP)数据

酒店会议服务与管理/马小玲,林育彬,郭伟锋主编.—上海:复旦大学出版社,2024.1
(复旦卓越.21世纪酒店管理系列)
ISBN 978-7-309-16942-3

Ⅰ.①酒… Ⅱ.①马… ②林… ③郭… Ⅲ.①饭店-会议-组织管理学-高等学校-教材
Ⅳ.①C931.47

中国国家版本馆 CIP 数据核字(2023)第 143976 号

酒店会议服务与管理
JIUDIAN HUIYI FUWU YU GUANLI
马小玲　林育彬　郭伟锋　主编
责任编辑/方毅超

复旦大学出版社有限公司出版发行
上海市国权路 579 号　邮编:200433
网址:fupnet@fudanpress.com　http://www.fudanpress.com
门市零售:86-21-65102580　团体订购:86-21-65104505
出版部电话:86-21-65642845
杭州日报报业集团盛元印务有限公司

开本 787 毫米×1092 毫米　1/16　印张 12　字数 234 千字
2024 年 1 月第 1 版第 1 次印刷

ISBN 978-7-309-16942-3/C・438
定价:48.00 元

如有印装质量问题,请向复旦大学出版社有限公司出版部调换。
版权所有　侵权必究